まちごとチャイナ

Zhejiang 004 Hangzhouchengshi

杭州旧城と開発区

マルコポーロの
たたえた「美麗都市」

Asia City Guide Production

【白地図】杭州

CHINA
浙江省

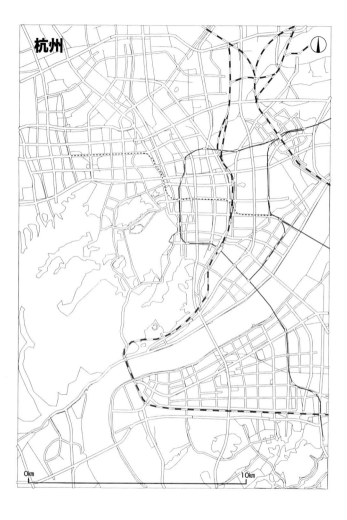

杭州 Hangzhou 白地図

【白地図】杭州南部

CHINA
浙江省

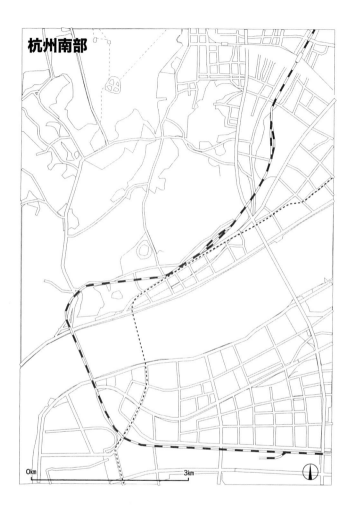

【白地図】六和塔

CHINA
浙江省

六和塔

Hangzhou　白地図

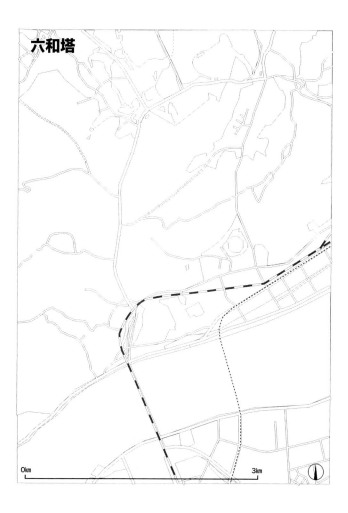

【白地図】鳳凰山

CHINA
浙江省

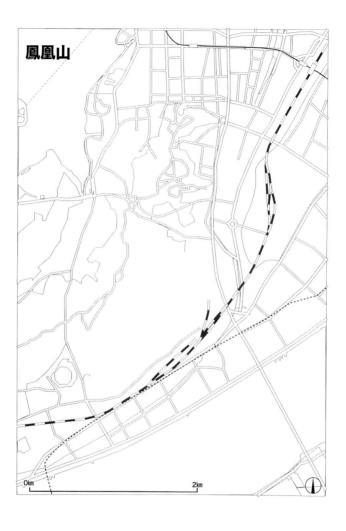

【白地図】呉山（旧城南部）

CHINA
浙江省

【白地図】杭州旧城

CHINA
浙江省

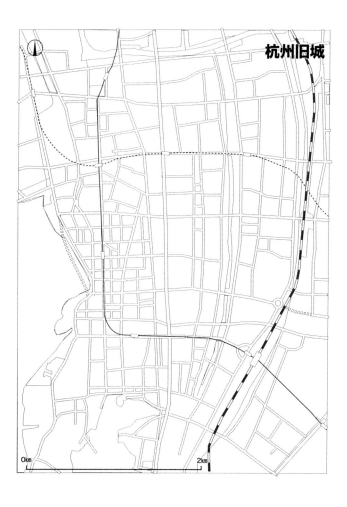

【白地図】河坊街

CHINA
浙江省

【白地図】旧城北部

CHINA
浙江省

【白地図】湖濱

CHINA
浙江省

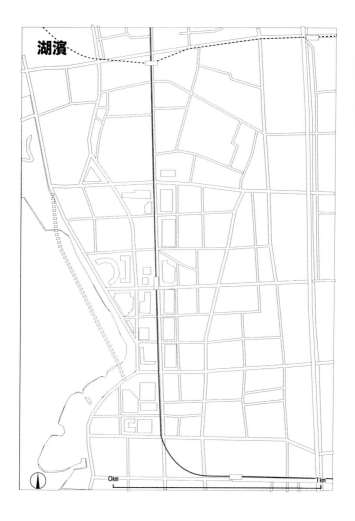

【白地図】武林広場

CHINA
浙江省

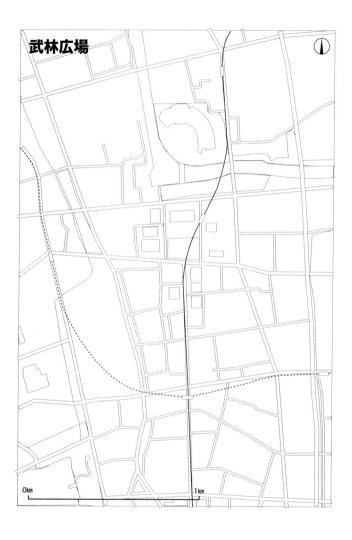

武林広場

Hangzhou 白地図

【白地図】京杭大運河

CHINA
浙江省

京杭大運河

Hangzhou 白地図

【白地図】黄龍

CHINA
浙江省

黄龍 / Hangzhou 白地図

【白地図】銭江新区

CHINA
浙江省

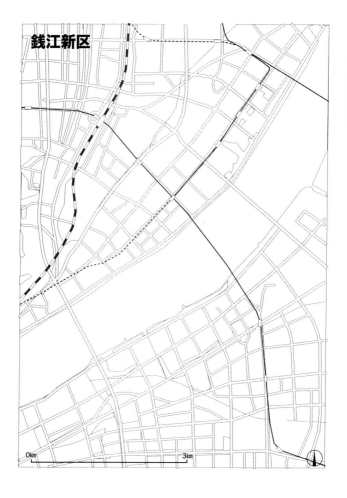

【白地図】市民広場

CHINA
浙江省

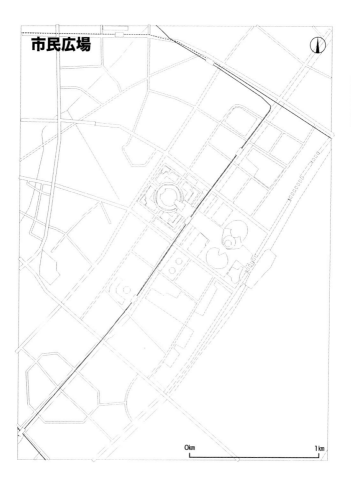

【白地図】蕭山

CHINA
浙江省

【白地図】下沙

CHINA
浙江省

【白地図】杭州郊外

CHINA
浙江省

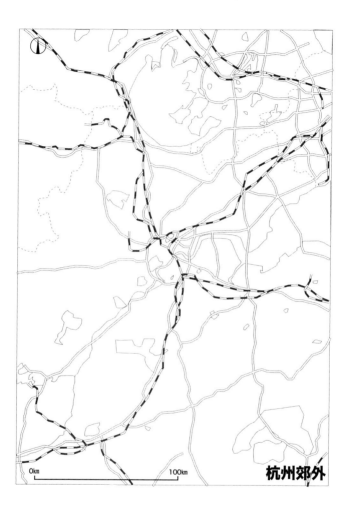

CHINA
浙江省

【まちごとチャイナ】
浙江省 001 はじめての浙江省
浙江省 002 はじめての杭州
浙江省 003 西湖と山林杭州
浙江省 004 杭州旧城と開発区
浙江省 005 紹興
浙江省 006 はじめての寧波
浙江省 007 寧波旧城
浙江省 008 寧波郊外と開発区
浙江省 009 普陀山
浙江省 010 天台山
浙江省 011 温州

銭塘江と西湖にはさまれた細長い土地に展開する杭州旧城。南部に鳳凰山や玉皇山がそびえることから、北側が唯一開け、隋代(610年)に開削された運河が中原に向かって伸びている。黄河中流域から遠く離れた杭州の発展は、江南の物資を集散する京杭大運河の起点としてはじまった。

時代のくだった南宋時代(1127～1279年)、華北を金に奪われたことから、南宋の都(行在所の臨安)は杭州におかれ、その繁栄は最高に達した。13世紀、杭州を訪れたマルコ・ポー

杭州城市 háng zhōu chéng shì
ハンチョウチャンシイ
Hang Zhou Cheng Shi
杭州旧城と開発区

ロは「壮麗無比な大都会」と述べるなど、当時の世界で最大の人口をもつ大都市となっていた。

　明清時代も杭州の繁栄は続き、中華人民共和国成立後、浙江省省都となり、現在では杭州旧城郊外に新市街がつくられている。水や緑、自然に囲まれた環境のよさから、中国を代表するIT企業や芸術家が集まる感度の高い都市へと成長をとげた。

【まちごとチャイナ】

浙江省 004 杭州旧城と開発区

目次

杭州旧城と開発区	xxxvi
南宋からの富貴住在杭州	xlii
六和塔城市案内	li
鳳凰山城市案内	lxv
呉山城市案内	lxxviii
河坊街城市案内	xciii
天下に響いたにぎわい	cvii
湖濱城市案内	cxvi
武林広場城市案内	cxxv
大運河城市案内	cxxxii
黄龍城市案内	cxlv
銭江新城城市案内	cli
蕭山城市案内	clxiii
杭州郊外城市案内	clxxii
杭州で育まれた中国文化	clxxxiii

【MEMO】

【地図】杭州

【地図】杭州の [★★★]
- ☐ 河坊街（清河坊）河坊街 ハァファンジエ

【地図】杭州の [★★☆]
- ☐ 六和塔 六和塔 リィウハァタア
- ☐ 銭塘江 钱塘江 チィエンタンジィアン
- ☐ 拱宸橋 拱宸桥 ゴォンチェンチャオ
- ☐ 京杭大運河 京杭大运河 ジンハァンダアユンハァ
- ☐ 銭江新城 钱江新城 チィエンジィアンシンチャン
- ☐ 市民中心 市民中心 シィミンチョンシン

【地図】杭州の [★☆☆]
- ☐ 銭塘江大橋 钱塘江大桥 チィエンタンジィアンダアチャオ
- ☐ 鳳凰山 凤凰山 フェンフゥアンシャン
- ☐ 杭州駅 杭州火车站 ハァンチョウフゥオチャアジャン
- ☐ 武林広場 武林广场 ウゥリングゥアンチャアン
- ☐ 西湖文化広場 西湖文化广场 シイフウウェンフゥアグゥアンチャン
- ☐ 黄龍 黄龙 フゥアンロン
- ☐ 蕭山 萧山 シィアオシャン

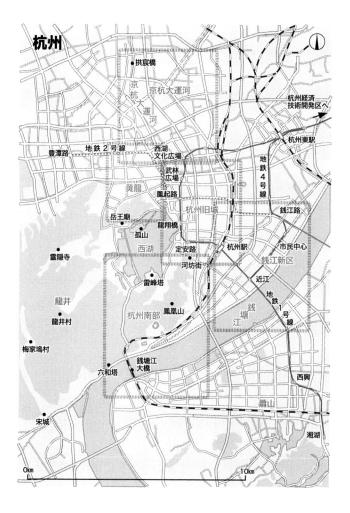

南宋からの富貴 住在杭州

CHINA
浙江省

「天に天堂、地に蘇州と杭州あり」
そう詠われた江南屈指の都杭州
美しい風土をもつ浙江省の省都

江南デルタの一角「住在杭州」

上海から南西に200km、杭州湾へそそぐ銭塘江（浙江）の河口部に位置する杭州。上海を頂点に、杭州を省都とする浙江省、蘇州や南京といった都市を擁する江蘇省とともに長江デルタ地帯を構成する。この長江デルタは稲作や塩、茶、絹や綿織物の生産で、宋代以後、中国でももっとも豊かな地域と知られてきた。現在もその経済力を背景に中国最先端をいき、高い購買意欲をもつ裕福な人びとが暮らしている。とくに杭州は西湖や丘陵地帯といった豊富な自然から、「生在蘇州、住在杭州（生まれるなら美人の多い蘇州、暮らすなら景色の

Hangzhou 南宋からの富貴住在杭州

よい杭州)」と言われてきた。現在は日系企業も多く進出し、中国有数の生活環境、市民の幸福指数の高さなどが注目されている。

マルコ・ポーロが絶賛した都

現在の杭州の地位は、南宋（1127～1279年）時代の首都がおかれたことに起因する。隋唐以来、「政治の中心」黄河中流域と「経済の中心」江南という構造があったが、南宋の都が杭州におかれたことで、政治と経済の中心がひとつになり、杭州は空前の繁栄を見せるようになった。「江浙実れば天下

CHINA
浙江省

足る」と言われた江南の米や茶、塩などが集散され、南宋時代の杭州は当時、世界最大の150万人の人口を抱える都だった。南宋に続く元代、この街を訪れたマルコ・ポーロ（1254〜1324年）は「世界第一の豪華・富裕な都市」「天国の都市」とたたえ、イブン・バットゥータ（1304〜68？年）は「この町は、この地上で私が見た最大規模の町」と評している。なお北中国（金）と南中国（南宋）が統一された元代も、南北の風土は大きく異なり、マルコ・ポーロは北中国を「キタイ」、南中国を「マンジ」と呼んでいる。

Hangzhou 南宋からの富貴住在杭州

▲左　南宋時代を思わせる河坊街、1日中にぎわっている。　▲右　杭州の新たな顔、次々に高層ビルが建つ銭江新城

西湖と、銭塘江と

浙江省最大の河川である銭塘江と、西湖のあいだで育まれてきた杭州は、水への親和性がとくに高い街でもあった。この地に赴任した白居易や蘇東坡などの文人たちは、美しい西湖の景色を書画にしたため、西湖の草をえさとする白身魚の甘酢あんかけ「西湖醋魚」、蝦と龍井茶芽を使った甘酸っぱい「龍井蝦仁」といった杭州料理が育まれた。また南海から銭塘江へいたったジャンク船が見られるなど、船の往来する河川や水路が杭州に向かって伸びていた（「南船北馬」の言葉で知られる）。かつて京杭大運河と銭塘江に接続する運河が杭州

CHINA
浙江省

旧城を縦横に走っていたが、現在は大部分が埋め立てられている。

杭州の都市構造

古く西湖や杭州は海だったところで、秦漢時代の街は西郊外の霊隠寺の麓にあり、5世紀に現在の場所に街がつくられ、隋代（581〜619年）に杭州と名づけられた（西安、洛陽、南京、北京、開封、安陽、鄭州、杭州の中国八大古都のなかではきわめて歴史が浅い）。また地形上の制約から、杭州旧城は伝統的な中国の都市とは大きく異る姿をしていた。北京

▲左　運河と城壁、ここは皇帝の暮らした皇都でもあった。　▲右　浙江省の由来にもなった銭塘江（浙江）

や西安では宮廷が街の中心にあって、矩形で碁盤の目状の街区（天子南面）をもっていたが、杭州では市街南の鳳凰山に宮廷があり、そこから北に向かって西湖や銭塘江に沿うように城壁が走っていた。この限られた土地のなかで、稠密な人口が暮らし、「野菜は東、水は西（西湖）、柴は南で、米は北（大運河）」から調達すると言われていた。

【地図】杭州南部

【地図】杭州南部の [★★★]
- ☐ 河坊街（清河坊）河坊街ハァファンジエ

【地図】杭州南部の [★★☆]
- ☐ 六和塔 六和塔リィウハァタア
- ☐ 銭塘江 钱塘江チィエンタンジィアン
- ☐ 南宋官窯博物館 南宋官窑博物馆 ナンソォングゥアンヤオボオウゥグゥアン

【地図】杭州南部の [★☆☆]
- ☐ 銭塘江大橋 钱塘江大桥チィエンタンジィアンダアチャオ
- ☐ 白塔 白塔バイタア
- ☐ 玉皇山 [西湖新十景] 玉皇山ユウフゥアンシャン
- ☐ 八卦田 八卦田バアグゥアティエン
- ☐ 鳳凰山 凤凰山フェンフゥアンシャン
- ☐ 絹織物博物館 中国丝绸博物馆 チョングゥオスーチョウボオウゥグゥアン
- ☐ 万松書院 万松书院ワンソォンシュウユゥエン
- ☐ 南宋皇城遺址 南宋皇城遗址 ナンソォンフゥアンチャンイイチイ
- ☐ 呉山 吴山ウウシャン
- ☐ 杭州駅 杭州火车站ハァンチョウフゥオチャアジャン
- ☐ 杭州国家動画産業基地 杭州国家动画产业基地 ハァンチョウグゥオジィアドンフゥアチャンイェエジイディイ

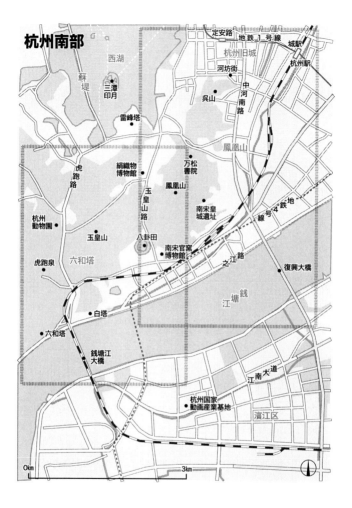

【MEMO】

Guide, Liu He Ta
六和塔 城市案内

決まった時期に大逆流を起こす銭塘江
六和塔はその潮を鎮める目的で建てられた
堂々としたたたずまいを見せる

六和塔 六和塔 liù hé tă リィウハァタア [★★☆]

銭塘江にのぞむ月輪山を背に立ち、高さ 59.9m の雄大な姿を見せる六和塔。970 年、杭州に都をおいた地方王権「呉越国」の銭弘俶によるもので、西湖ほとりに立つ保俶塔、雷峰塔と同時期の創建となっている。銭塘江は定期的に逆流することから、荒れる川や潮の流れをつかさどる龍王を鎮める目的で建てられ、銭塘江にそって堤防が築かれた。河川を往来する船にとって灯台（杭州の街がある目印）の役割を果たし、また『水滸伝』のなかで梁山泊軍の魯智深が六和塔に駐留し、生涯を終えた場所でもある。もともと八角九層だったが、南

【地図】六和塔

【地図】六和塔の [★★☆]
- ☐ 六和塔 六和塔 リィウハァタア
- ☐ 銭塘江 钱塘江 チィエンタンジィアン
- ☐ 南宋官窯博物館 南宋官窑博物馆 ナンソォングゥアンヤオボオウゥグゥアン

【地図】六和塔の [★☆☆]
- ☐ 銭塘江大橋 钱塘江大桥 チィエンタンジィアンダアチャオ
- ☐ 白塔 白塔 バイタア
- ☐ 玉皇山 [西湖新十景] 玉皇山 ユウフゥアンシャン
- ☐ 八卦田 八卦田 バアグゥアティエン
- ☐ 鳳凰山 凤凰山 フェンフゥアンシャン
- ☐ 万松書院 万松书院 ワンソォンシュウユゥエン

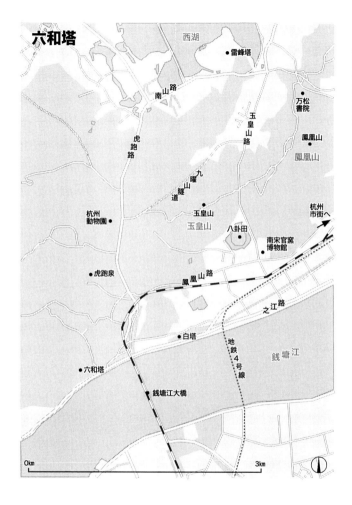

CHINA
浙江省

宋時代の1153年に七層になり、外側からは十三層に見える。内部には宋代の尚書省牒碑、金剛経石刻を残し、いくども改修を繰り返して現在にいたる。

銭塘江 钱塘江
qián táng jiāng チィエンタンジィアン [★★☆]

銭塘江は浙江省を流れる全長494kmの大河。古くは「銭唐江」と呼ばれたが、唐代、王朝名をさけるために「銭塘江」と改められた。杭州湾にそそぎ、この河の古名「浙江」が浙江省の由来となるなど、杭州、浙江省を育んできた母なる河でも

▲左　銭塘江の流れを鎮めることは統治者の重要任務だった、六和塔にて。
　▲右　銭塘江を見下ろすように立つ六和塔

ある（また銭塘江は蛇行がはげしく、川筋が「之」の文字に似ていることから「之江」とも呼ばれる）。上流は新安江、中流は富春江、下流は銭塘江という名前をもち、安徽省や江西省と海域を結び、塩、木材などを運ぶ交通の大動脈でもあった。

銭塘江の大海嘯

川の逆流現象は世界中で見られるが、その規模と壮大さから、アマゾン河の「ポロロッカ」と銭塘江の「大海嘯」は双璧をなす。これは杭州湾に流れる銭塘江の河口部がらっぱ状に開

CHINA
浙江省

き、銭塘江の川底が浅いという地形から起こるもので、毎月1日、15日ごろ、流れは逆流し、とくに月が大きく輝く旧暦8月中秋節の大海嘯(「銭江秋涛」)が知られる。時速十数キロで逆流する潮の高さは数mにも達し、「潮の満ち満ち来る音雷声の如し」と言われてきた(杭州下流の海寧塩官が大海嘯の見どころで、ときに杭州よりさかのぼって逆流していく)。古くから杭州の風物詩となっていて、南宋の皇帝高宗もこの高潮を観覧するなど、大海嘯のときには多くの見物客が訪れる。

▲左　銭塘江大橋、1937年にかかる以前は船で渡った。　▲右　「潮水無情」銭塘江の逆流はときに人を飲み込んだ

銭塘江大橋 钱塘江大桥 qián táng jiāng dà qiáo
チィエンタンジィアンダアチャオ ［★☆☆］

銭塘江をはさんで杭州と、対岸の蕭山を結ぶ銭塘江大橋。1937年にかけられた橋は全長1453m、1957年に武漢長江大橋がかけられるまで中国最大の橋だった。鉄橋は上下二段からなり、上部は歩行者と自動車、下部は鉄道用となっている。銭塘江大橋のかかる六和塔の麓は龍山渡と言われ、古くから銭塘江の渡河地点だった場所でもある。

浙江省

杭州と港

銭塘江から杭州旧城へいたる船着場には、温州や寧波からの船の着く浙江渡(西興の対岸浙江第一碼頭)と、安徽省などの船が入ってきたより上流の龍山渡(六和塔麓)のふたつがあった。こうした杭州の港の整備は、呉越国(907〜978年)時代に進められたもので、続く北宋時代には杭州に市舶司がおかれて関税の徴収にあたった。南海貿易を推し進めた南宋時代、さらに杭州の港は繁栄し、外国商人によって象牙、犀、香料などがもたらされた。銭塘江の川底の浅さや潮の逆流もあって、直接、銭塘江河口から杭州に入港するルートはとら

れず、寧波が杭州の外港となって、そこから運河を通じて西興（蕭山）、杭州へといたった。また江南全体の大きな流れで見ると、唐代には揚州が港として栄えていたが、長江の堆積が進んだことで、より海に近い蘇州や杭州が台頭するなど、時代とともに港湾都市の盛衰があった。

白塔 白塔 bái tǎ バイタア ［★☆☆］
雷峰塔の東に立つ八角九層からなるこぢんまりとした白塔。白色の石材を使った外壁は、釈迦や菩薩像、経文で彩られている。六和塔や雷峰塔が再建されて楼閣様式になったのに対

CHINA
浙江省

して、この白塔は呉越国（907 〜 978 年）時代に建てられた当時の姿を今に伝えている。

玉皇山 [西湖新十景] 玉皇山
yù huáng shān ユウフゥアンシャン [★☆☆]
杭州市街南方に立つ高さ 237m の玉皇山は、龍山とも呼ばれ、「道教の最高神」玉皇大帝と北斗をまつる聖域だった。山頂に立つ「福星観」、龍が棲むという「紫来洞」、北斗七星を模した鉄の瓶「七星缸」など道教にちなむ景勝地が点在する。またここは南宋時代、皇帝が天の祭祀を行なう郊壇がおかれ

▲左 八卦田、ここで皇帝が農事を行なった。　▲右 細めの塔身、10世紀に建てられた白塔

ていた場所で、鳳凰山麓の「南宋宮廷」と「玉皇山」は、「北京故宮」と「天壇」に相対する（礼制にしたがって、天壇は首都南郊におかれた）。中国を代表する道士の長春真人（1148〜1227年）がここで丹薬をつくったと伝えられるほか、玉皇山に流れる雲「玉皇飛雲」は西湖新十景に選ばれている。

八卦田 八卦田 bā guà tián バアグゥアティエン ［★☆☆］

玉皇山の麓に広がる八卦田は、南宋皇帝が春の田植えを文武百官とともに行なった籍田跡。八角形を構成する8つの田んぼそれぞれに稲や大豆などが植えられ、五穀豊穣と人びとの

CHINA
浙江省

しあわせが願われた。中国では『易経』に記された陰陽の爻（こう）を組みあわせる「八卦」で、天地の現象を占った。

南宋官窯博物館 南宋官窑博物馆
nán sòng guān yáo bówùguǎn
ナンソォングゥアンヤオボオウゥグゥアン [★★☆]

南宋官窯博物館は玉皇山の麓にあった官窯跡を利用した陶磁器の博物館。浙江省は後漢時代から他に先がけて洗練された陶磁器を生み出してきた地域で、釉薬や土、焼き加減で陶磁器は芸術品にまで高められた。南宋では、修内司（営繕官庁）

Hangzhou | 六和塔城市案内

や郊壇（郊外の祭壇、現在の南宋官窯博物館）に宮廷御用達の陶磁器を焼く窯がおかれ、1985年、この地で南宋官窯が発見された。南中国で発展した傾斜をもつ長い登り窯「龍窯」跡が残るほか、各種陶磁器が展示されている（龍窯では長い焼成時間をかけて陶磁器が焼かれた）。

Guide,
Feng Huang Shan
鳳凰山
城市案内

かつて南宋の宮廷がおかれていた鳳凰山
ここから皇帝のための御道が
まっすぐ北に向かって伸びていた

鳳凰山 凤凰山
fèng huáng shān フェンフゥアンシャン [★☆☆]

杭州市街の南部にそびえる高さ 178m の鳳凰山。鳳凰が羽を広げてうずくまった姿に似ていることから鳳凰山という名前がつけられ、隋代（6世紀）以降の杭州行政府はこの地におかれていた。とくに杭州を都とした呉越国と南宋の宮廷が、鳳凰山東麓にあったことが特筆され、あたりには皇族や官吏が暮らしていた（鳳凰山には西湖と銭塘江の両方を見渡せる望湖楼があった）。この鳳凰山が行政府に選ばれたのは、呉山、万松嶺、玉皇山といった西湖南東部の丘陵地帯は真水の

CHINA
浙江省

確保ができるといった利点があったからで、寺院や軍営地も集まっていた。

絹織物博物館 中国丝绸博物馆
zhōng guó sī chóu bó wù guǎn
チョングゥオスーチョウボオウゥグゥアン [★☆☆]

中国史を通じて、蘇州とならぶ絹織物の先進地と知られてきた杭州。絹織物博物館には、蚕から糸をつむぐ絹の生産方法、シルクロードを通じての中国絹の広がり、染色や刺繍方法、綾、錦など10種類以上ある絹織物などが展示されている。

Hangzhou | 鳳凰山城市案内

南宋時代、杭州では皇室に献上する絹織物を管理する織造府と織染局がおかれたほか、この地方で産出される緞子、羅、紗は「杭州絹」と呼ばれていた(明清時代を通じて中国を代表する絹の産地だった)。また絹とならぶ杭州の特産品である竹と、絹をあわせてつくる絹笠も親しまれてきた。

絹と杭州

「蚕」の吐き出した糸をつむいで、織り、布地にする絹織物。絹を使った衣服は、その肌触りや美しさ、通気性、軽さから、長らく皇帝や官吏に親しまれてきた(庶民は麻の織物を着た

【地図】鳳凰山

【地図】鳳凰山の [★★★]
- [ ] 河坊街（清河坊）河坊街ハァファンジエ

【地図】鳳凰山の [★★☆]
- [ ] 銭塘江 钱塘江チィエンタンジィアン
- [ ] 南宋官窯博物館 南宋官窑博物馆 ナンソォングゥアンヤオボオウゥグゥアン
- [ ] 胡雪岩故居 胡雪岩故居フウシュエヤングウジュウ
- [ ] 南宋御街 南宋御街ナンソォンユゥジエ

【地図】鳳凰山の [★☆☆]
- [ ] 鳳凰山 凤凰山フェンフゥアンシャン
- [ ] 絹織物博物館 中国丝绸博物馆 チョングゥオスーチョウボオウゥグゥアン
- [ ] 万松書院 万松书院ワンソォンシュウユゥエン
- [ ] 南宋皇城遺址 南宋皇城遗址ナンソォンフゥアンチャンイイチイ
- [ ] 捍海塘 捍海塘ハァンハイタン
- [ ] 八卦田 八卦田バアグゥアティエン
- [ ] 呉山 吴山ウウシャン
- [ ] 南宋太廟遺跡公園 南宋太庙遗址ナンソォンタイミャオイイチイ
- [ ] 鼓楼 鼓楼グゥロウ
- [ ] 杭州駅 杭州火车站ハァンチョウフゥオチャアジャン
- [ ] 呉山広場 [西湖新十景] 吴山广场ウウシャングゥアンチャアン

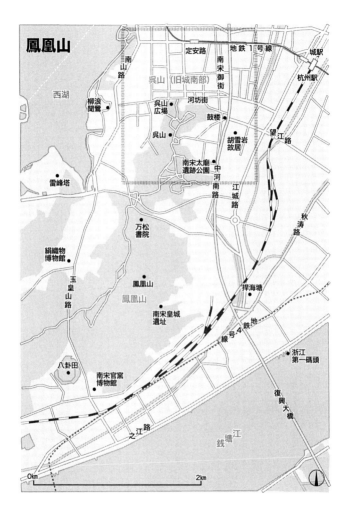

CHINA
浙江省

が、南方から綿花がもたらされると安価で丈夫、快適な綿織物が好まれるようになった)。太湖の東部や南部の一帯(浙江省、江蘇省)では、新石器時代から養蚕が行なわれ、この地方の絹が日本へ伝わったと考えられている。桑、蚕、糸などの文字は殷代の甲骨文字にも見られると言い、長らく絹の製法は門外不出とされて中国の特産品となっていた。北中国で飼われる蚕は3回脱皮したあと、繭をつくる「三眠蚕」、南中国の蚕が「四眠蚕」といった違いがあるという。

鳳凰山城市案内

万松書院 万松书院
wàn sōng shū yuàn ワンソォンシュウユゥエン [★☆☆]
杭州を舞台とした民間伝承の『梁山伯と祝英台』の舞台となった万松書院。祝英台は女性であることを隠し、男装して杭州で勉学にはげむことを決め、そこで梁山伯と出逢った。祝英台は故郷に戻ることになり、その後、梁山伯は祝英台が女性であることを知って、彼女に想いを寄せるようになった。ところが、祝英台は親のとり決めで富豪の息子と結婚することが決められ、それを聞いた梁山伯は死んでしまった。婚礼の日、祝英台が梁山伯の墓に来ると、墓がまっぷたつにさけ、

CHINA
浙江省

祝英台はそこに飛び込んだ。その後、2匹の蝶が舞ったという。この万松書院は南宋の名刹報恩寺があった場所に立ち、清代にはもっとも由緒正しい書院となっていた。現在の建物は1948年に再建された。

南宋皇城遺址 南宋皇城遗址 nán sòng huáng chéng yí zhǐ
ナンソォンフゥアンチャンイイチイ ［★☆☆］

杭州を都とする南宋（1127～1279年）の宮廷がおかれていた南宋皇城遺址。1127年、華北を異民族の金に占領された宋は開封から南へ逃れ、南京か杭州か迷ったあげく、この地に仮

▲左　杭州の地下には南宋時代の臨安（杭州）が眠る。　▲右　皇城遺址や御街、南宋時代の遺構が次々に発見された

の都「臨安（行在）」をおいた。名目的には華北奪還をかかげたため、仮住まいを意味する「行宮之門」という額が宮廷に据えられた。ここから北に向かって御街が伸び、鳳凰山から呉山にかけて官庁、太廟がおかれ、そのさらに北側に市民の暮らす市街が整備された。羅針盤をもちいた航海や書物を大量に刷る木版印刷、また江南の開発を受けた米、塩、茶の集散もあって南宋の繁栄は北宋時代をしのいでいた。1276年、モンゴルの将軍バヤンが杭州を無血開城させたとき、南宋宮廷の財宝を北京に運ぼうとしたが、夜を徹しても、荷積みした馬車の列が絶えないほどだったという（あまりの量に海上輸送をした）。

【MEMO】

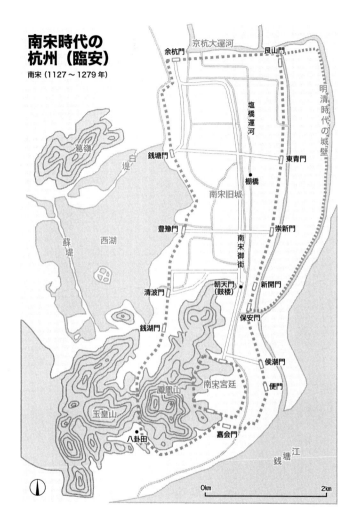

CHINA
浙江省

捍海塘 捍海塘 hàn hǎi táng ハァンハイタン [★☆☆]
古く海だったが、銭塘江などの土砂の堆積で海岸線が海側へ伸び、杭州の地は陸地化した。5世紀以後、県城は現在の鳳凰山麓に構えられたが、街の東と南は常に銭塘江の流れと、逆流する潮の被害を受けていた。捍海塘はその銭塘江の潮を防ぐための堤防で、呉越国(907～978年)時代に整備された。この捍海塘がつくられたことで、杭州の港湾機能が高まり、南海交易の中心地という性格を強めるようになった。南宋時代にも修築がほどこされている。

百煉香螺沉水,
寶薰近出江南。
一穟黃雲繞几,
深禪相對自參。

**Guide,
Wu Shan**

呉山
城市案内

CHINA
浙江省

にぎわう市街に隣接する呉山
杭州旧城歩きの起点となるエリアで
鼓楼や城隍廟が位置する

呉山 吴山 wú shān ウウシャン [★☆☆]

杭州市街の南に広がる丘陵の呉山。条鉱山、運巨山など十数ある峰のなかの「第一嶺」が呉山だった。呉山という名前は、春秋時代、ここが呉越の争いを繰り広げていた両国の国境にあたったことに由来するとも、呉の君臣伍子胥にちなみ、伍山が呉山になったともいう。呉山の頂上には、杭州の守り神をまつる城隍廟が立ち、西湖と銭塘江の双方が視界に入る。

呉越のはざまで

春秋時代、激しい戦いを繰り広げた蘇州を都とする「呉」と、

Hangzhou　呉山城市案内

紹興を都とする「越」。この文身入墨の習慣があった非漢民族同士の争いのなかから「呉越同舟（犬猿の仲で行動をともにする）」「会稽の恥を雪ぐ(耐え難い恥を挽回する)」「臥薪嘗胆(復讐のため苦しみに耐える)」といった故事が生まれた。西湖が越から呉に送られた美女西施にたとえられるなど、杭州には呉越にまつわる説話も多く残る（春秋時代の杭州は湿地帯に過ぎず、長らく浙江の中心地は紹興にあった）。銭塘江のほとりに位置する杭州は、浙西と浙東をわける交差点でもあり、呉越国（907〜978年）はこの杭州を拠点に浙東地域へ勢力を拡大し、それまで異なる文化や伝統をもった地域が一体化した。

【地図】呉山（旧城南部）

【地図】呉山（旧城南部）の [★★★]
- [ ] 河坊街（清河坊）河坊街ハァファンジエ

【地図】呉山（旧城南部）の [★★☆]
- [ ] 胡雪岩故居 胡雪岩故居フウシュエヤングウジュウ
- [ ] 南宋御街 南宋御街ナンソォンユゥジエ
- [ ] 鳳凰寺 凤凰寺フェンフゥアンスウ

【地図】呉山（旧城南部）の [★☆☆]
- [ ] 呉山 吴山ウウシャン
- [ ] 南宋太廟遺跡公園 南宋太庙遺址 ナンソォンタイミャオイイチイ
- [ ] 鼓楼 鼓楼グゥロウ
- [ ] 城隍廟 城隍庙チャンフゥアンミャオ
- [ ] 杭州孔廟 杭州孔庙ハァンチョウコンミャオ
- [ ] 呉山広場 [西湖新十景] 吴山广场 ウウシャングゥアンチャァン
- [ ] 西湖大道 西湖大道シイフウダアダオ

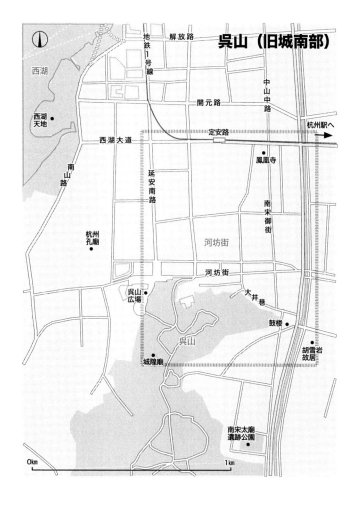

CHINA
浙江省

南宋太廟遺跡公園 南宋太庙遗址 nán sòng tài miào yí zhǐ ナンソォンタイミャオイイチイ [★☆☆]

南宋太廟遺跡公園には、杭州を都とした南宋(1127〜1279年)時代、皇帝の祖先の位牌をまつる太廟がおかれていた。北宋開封の太廟が遷されたもので、1137年、この地に建設された。宋の太祖をはじめとする皇帝の祖先がまつられ、「馬車を仕立てて皇帝が参拝された」(『夢梁録』)と記録されている。1995年に発掘され、近くには南宋の官庁がならんでいたという。

▲左　宮廷と市街地をわける朝天門がここにあった、鼓楼にて。　▲右　環境に配慮したレンタサイクルが各所におかれている

鼓楼 鼓楼 gǔ lóu グゥロウ ［★☆☆］

太鼓を鳴らして杭州城内に時間を知らせた鼓楼（時計の役割を果たした）。南宋時代、ここは宮廷と外城を結び、天子に朝賀するために通る「朝天門」がおかれていた（南宋時代は朝天門より南が皇帝や官吏の暮らす地域、北が商人や町人の暮らす地域となっていた）。現在の鼓楼は21世紀に入って再建され、明清時代の姿が再現されている。

CHINA
浙江省

胡雪岩故居 胡雪岩故居
hú xuě yán gù jū フウシュエヤングウジュウ [★★☆]

近代中国を代表する豪商の胡雪岩（1823〜85年）が暮らした胡雪岩故居。安徽省に生まれた胡雪岩は、杭州の銭荘（昔の中国の銀行）に奉公し、若くして店の経営をまかされた。杭州の地方官吏を援助し、太平天国の鎮圧にあたった左宗棠（浙江巡撫）に武器を供給するなどして官僚との結びつきを強めた。胡雪岩の運営する銭荘や商店は北京、杭州、上海、漢口に広がったが、やがて外国資本との競争のなかで敗れていった（数々の事業を手がけたものの、ほとんどがつぶれ、

漢方薬店の胡慶余堂だけが残る)。江南の伝統的な園林様式をもつこの胡雪岩故居は1872年に建てられ、胡雪岩は10年ほどこの邸宅に住んだ。芝園と名づけられた庭園では池を中心に亭や堂が展開し、贅を尽くした調度品がしつらえられている。

CHINA
浙江省

城隍廟 城隍庙
chéng huáng miào チャンフゥアンミャオ [★☆☆]

呉山の頂上に立ち、堂々とした楼閣のたたずまいを見せる城隍廟。もともと「城」とは都市、「隍」とは周囲の濠をさすが、やがて都市そのものを意味し、都市の守り神がまつられるようになった。この杭州の城隍神は明代の「浙江按察使」周新で、無実の罪を着せられて生命を落としたのち、名誉が回復されて杭州の城隍神となった（生前、その街と関係のあった人が城隍神となる）。城隍廟にちなんで呉山は城隍山とも言い、雨を降らせるための祈祷などが行なわれた。

▲左　鼓楼の南側に立つ高さ 45m の望仙閣。　▲右　杭州の玄関口にあたる杭州駅

杭州孔廟 杭州孔庙
háng zhōu kǒng miào ハァンチョウコンミャオ [★☆☆]

中国の伝統的な都市には、孔子廟と関羽廟が必ずおかれ、杭州孔廟は南宋時代の 12 世紀にさかのぼる歴史をもつ。南宋時代、このあたりは教育機関の杭州府学があった場所で、その後の変遷ののち、杭州孔廟となった。霊櫺星門から大成殿へ続く伝統的な様式をしていて、王羲之や蘇東坡の書をかたどった多くの石刻を収蔵することから、杭州碑林ともいう。

CHINA
浙江省

杭州駅 杭州火车站 háng zhōu huǒ chē zhàn
ハァンチョウフゥオチャアジャン [★☆☆]

清朝末期の 1906 年に創建された清泰駅を前身とする杭州駅（杭州旧城の東南部にあった清泰門に建てられ、1909 年に上海と杭州を結ぶ滬杭鉄路は完成した）。屋根瓦の伝統的な中国建築に、さらにその上部をおおうように「門」の字型の現代建築が載る。「(杭州) 城駅」と通称されるこの杭州駅のほか、市街北東部に杭州東駅、銭塘江を渡った蕭山に杭州南駅が位置する。

【地図】杭州旧城

【地図】杭州旧城の [★★★]
- ☐ 河坊街（清河坊）河坊街ハァファンジエ

【地図】杭州旧城の [★★☆]
- ☐ 胡雪岩故居 胡雪岩故居フウシュエヤングウジュウ
- ☐ 鳳凰寺 凤凰寺フェンフゥアンスウ
- ☐ 京杭大運河 京杭大运河ジンハァンダアユンハァ

【地図】杭州旧城の [★☆☆]
- ☐ 呉山 吴山ウウシャン
- ☐ 城隍廟 城隍庙チャンフゥアンミャオ
- ☐ 杭州駅 杭州火车站ハァンチョウフゥオチャアジャン
- ☐ 西湖大道 西湖大道シイフウダアダオ
- ☐ 延安路 延安路イエンアンルウ
- ☐ 解放路 解放路ジエファンルウ
- ☐ 南宋銭幣博物館 南宋钱币博物馆 ナンソォンチィエンビイボオウゥグゥアン
- ☐ 武林広場 武林广场ウウリングゥアンチャアン
- ☐ 絲綢城 丝绸城スウチョウチャン

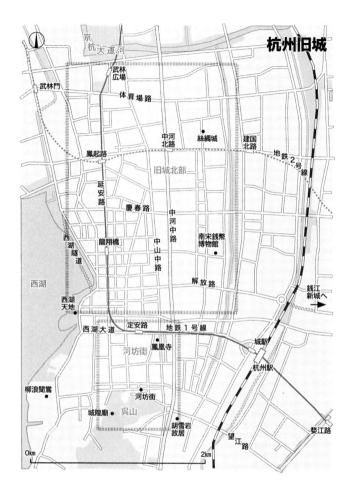

【MEMO】

Guide,
He Fang Jie
河坊街
城市案内

杭州旧城でもっともにぎわいを見せる河坊街
明清時代より続く老舗が軒をつらね
趣ある街並みが広がる

河坊街（清河坊） 河坊街 hé fāng jiē ハァファンジエ[★★★]
漆喰による白壁、黒い屋根の江南住宅、たなびくのぼりや旗など、南宋時代を思わせる街並みが続く河坊街（清河坊）。この界隈のにぎわいは、南宋（1127～1279年）時代から知られ、「（正月15日には）人々が街路をふさぎ、夜遅くまで眠らない」という記録も残っている。清朝末期から民国初期にかけて、現在のような店舗が軒をつらねるようになり、2001年に歩行街として整備された。漢方薬の胡慶余堂、はさみ店の張小泉、化粧品の孔鳳春香粉店、たばこ店の宓大昌旱煙、ハムをあつかう萬隆火腿店、明清時代に創業した老舗

【地図】河坊街

【地図】河坊街の [★★★]
- [ ] 河坊街（清河坊）河坊街ハァファンジエ

【地図】河坊街の [★★☆]
- [ ] 南宋御街 南宋御街ナンソォンユゥジエ
- [ ] 鳳凰寺 凤凰寺フェンフゥアンスウ
- [ ] 胡雪岩故居 胡雪岩故居フウシュエヤングウジュウ

【地図】河坊街の [★☆☆]
- [ ] 胡慶余堂 胡庆余堂フウチンユゥタン
- [ ] 張小泉 张小泉チャンシャオチュゥエン
- [ ] 高銀美食街 高银美食街ガオインメイシイジエ
- [ ] 呉山広場 [西湖新十景] 吴山广场 ウウシャングゥアンチャァン
- [ ] 西湖大道 西湖大道シイフウダアダオ
- [ ] 呉山 吴山ウウシャン
- [ ] 鼓楼 鼓楼グゥロウ
- [ ] 城隍廟 城隍庙チャンフゥアンミャオ

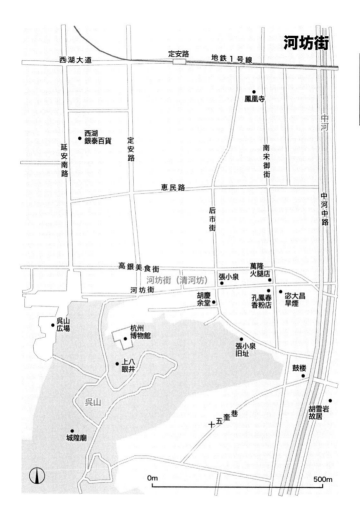

をふくめてずらりと店がならぶ。こうしたなか、民族衣装をまとった店員による実演販売、大道芸人の姿も見える。

胡慶余堂 胡庆余堂
hú qìng yú táng フウチンユゥタン [★☆☆]

胡慶余堂は、1874年、安徽省出身で杭州に拠点を構えた豪商胡雪岩が創業した漢方薬店。店の奥で漢方薬を調合して、軒先で漢方薬を販売し、「北に同仁堂あれば、南に胡慶余堂あり」というほど人びとに親しまれた（杭州では古くから道教の丹薬などの伝統があり、胡慶余堂は南宋皇室に伝わる調

▲左 「杭州に胡慶余堂あり」と言われた老舗。　▲右　職人たちの腕が光る、河坊街にて

合をもちいたという)。胡雪岩の事業は多岐にわたり、中国を代表する商人へと成長をとげたが、外国資本との競争に敗れて破産してしまった。唯一残ったのが、この胡慶余堂で、河坊街に面した壁には巨大な文字「胡慶餘堂國學號」が記されている。当時の建物が重修され、現在、漢方薬をあつかう博物館として開館している。

CHINA
浙江省

張小泉 张小泉
zhāng xiǎo quán チャンシャオチュゥエン [★☆☆]

明末の1663年に創業をさかのぼり、中国を代表するはさみ店と知られる張小泉。河坊街に隣接する大井巷ではさみ店「張大隆」が創業され、それをついだ息子の張小泉のときに現在の店舗名になった。浙江省でとれる龍泉鋼を材料とし、切れ味や使い心地、丈夫さなど品質の高さで知られた。清朝第6代乾隆帝は、さまざまなかたちのはさみ（張小泉）を宮廷用に納めさせたという。

▲左　のぼりや旗をかかげる各店舗。　▲右　河坊街は杭州でもっともにぎわうところ

高銀美食街 高银美食街
gāo yín měi shí jiē ガオインメイシイジエ [★☆☆]

河坊街の北側を東西に走り、餅料理や麺といった点心の軽食店や各種料理店がずらりとならぶ高銀美食街。白身魚の甘酢あんかけ「西湖醋魚」、じゅんさいを使ったスープの「西湖蓴菜湯」、蝦と龍井茶芽の甘酸っぱい「龍井蝦仁」、こじきどりの醤油づけ「杭州醤鴨」といった杭州料理を出す店舗のほか、鍋料理、魚介類などさまざまな料理を出す店舗が見られる。また杭州で親しまれている「東坡肉」は杭州官吏をつとめた蘇東坡（1036～1101年）が発明し、それを杭州の人にふるまって以来の伝統をもつ。

CHINA
浙江省

**呉山広場 ［西湖新十景］呉山广场 wú shān guǎng chǎng
ウウシャングゥアンチァァン ［★☆☆］**

南宋時代を思わせる東側の河坊街、西側の西湖に近い立地に整備された呉山広場。呉山に立つ城隍廟を背後に、西湖新十景のひとつ「呉山天風（呉山に吹く天からの風）」の碑が立ち、街歩きの起点となる。西湖を描いた山水画や宋代の銭、明清時代の調度品を収蔵する杭州博物館（2001年に開館）、その南側には南宋『夢梁録』にも記されている上八眼井も位置する（人びとの生活用水となった）。

▲左　ところどころに近代建築も残る。　▲右　杭州旧城の南北をまっすぐつらぬく御街

南宋御街 南宋御街
nán sòng yù jiē ナンソォンユゥジエ ［★★☆］

南宋御街は市街南部の鳳凰山におかれた宮廷から、北に向かって伸びた街の目抜き通り。皇帝が通る道であったことから御街と名づけられ、鼓楼（当時の朝天門）北の市街地へ伸び、中山路と名前を変えながら5km以上も続く（南京や開封など皇帝の都には、宮廷から御道や御街が伸びていた）。南宋御街の両脇には料理店、酒楼、茶楼、銭荘がずらりとならび、遊女のいる歓楽街もあった。その繁栄ぶりは「深夜2時にはじめて人通りがまばらになるが、朝4時に鐘声が響くと

CHINA
浙江省

人が現れる」というほどだった。現在の南宋御街は古い御街のうえを走っているが、杭州中心地という性格は南宋時代から900年続いている。石づくりの近代建築も多く見られるほか、「上居下店（上が住居、下が店）」型の店舗がならぶ。

鳳凰寺 凤凰寺 fèng huáng sì フェンフゥアンスウ ［★★☆］
南海交易を担ったイスラム教徒の礼拝所として建てられたイスラム寺院の鳳凰寺。創建は唐代（618〜907年）にさかのぼり、その後、元代（1314〜20年）に回回太師の阿老丁（アラディン）によって整備された。冒険家イブン・バットゥー

▲左　中国イスラム教四大寺院のひとつ鳳凰寺。　▲右　アラビア語で記された文字が見える

タは「この中央回教寺院は、エジプト出身のウスマーンという富商の創建」と記述し、阿老丁はエジプト出身のウスマーン・イブン・アッファーンの子孫と考えられている。長らく真教寺の名前で知られていたが、迎月楼を頭、礼拝殿を身体とする姿が鳳凰の姿に似ていることから鳳凰寺となった。いくども再建を繰り返して現在にいたり、イスラム風のイワンからなかに入ると、元代に建てられた中国風の礼拝殿が残る。懐聖寺（広州）、麒麟寺（泉州）、仙鶴寺（揚州）とともに中国イスラム教四大寺院にあげられる。

CHINA
浙江省

イスラム商人と回族

中国55の少数民族を構成する回族は、唐代以来、中国に訪れたアラブ人やペルシャ人を遠い祖先とする。イスラム商人たちは「蕃坊」と呼ばれる地区に集住し、自ら自治を行ないながら交易に従事した。とくに南海交易を重視した南宋の都が杭州におかれたこともあって、杭州には多くのイスラム教徒が暮らし、元による南宋攻略戦ではイスラム教徒の開発した回回砲が活躍し、福建省のイスラム教徒蒲寿庚が元にくだったことで南宋の滅亡は決定的になった。元代も杭州は中国随一の経済都市であったことから、イスラム教徒の統治者

Hangzhou 河坊街城市案内

色目人のもと、杭州には力のあるイスラム教徒が多く暮らしていた（伝聞情報だという指摘もあるが、イブン・バットゥータは「元代の杭州にいるイスラム教徒は10万人」と記述している）。続く明代も南京とともに杭州はイスラム教徒の拠点だったが、揚州で見られるような由緒正しい墓や、清代よりさかのぼる古い碑文は残っていない。また現在、浙江省は中国全体から見ると、回族やイスラム教徒の比率が少ない省となっている。

CHINA
浙江省

西湖大道 西湖大道 xī hú dà dào シイフウダアダオ[★☆☆]
杭州の鉄道駅から西に一直線に伸びる西湖大道。西湖と鉄道駅を結ぶ大動脈となっていて、通りにはホテルやオフィスがならぶ。またこの西湖大道と、南宋御街や延安路が交差する。

天下に響いたにぎわい

江南の経済力を背景にした杭州の文化
杭州は蘇州とならんで豊かさの象徴でもあった
上海発展以前の江南を代表する都市の姿

南宋の食べものと言葉

開封を都に中国全域を支配した北宋も、異民族の侵入を受け、1127年、南に遷って杭州に都をおいた。そのため杭州は北方から移住してきた人びとであふれかえり、北中国の文化や習慣が南中国に移植されていった。北方の麺食文化が杭州に定着し、南遷してきた漢族もこの地の米や魚を食べるようになり、米食と麦食双方の豊かな食文化が育まれた。それまでスープと麺（ヌードル・イン・スープ）がわかれていなかった「お椀もの」で、麺（ヌードル・イン・スープ）が独立したり、「粉もの」で同じあつかいだった餅から麺がわかれ

CHINA
浙江省

るといった現象も起こった。また南宋では日本の寿司のもとになったというナレズシもよく食べられた（明末にその習慣がなくなった）。このように北方の漢族が移住してきたため、杭州語には今なお周囲の江南と違って北方方言が強く残り、銭塘江をはさんだ蕭山との言葉の違いも見られるという。

▲左　宋代、大きく中国の食が変化した、写真は実演販売。　▲右　こちらは印象肖、著名人の顔がならぶ

北を凌ぐ繁栄

殷周時代から中国の都は華北にあったが、隋唐以後、江南の開発が進み、やがて人口、経済力などで、南中国が北中国を逆転した。杭州に都をおいた南宋（1127〜1279年）以来、「中国文化の中心は江南に遷った」と言われ、学問、芸術、商人など有力者が江南から輩出された。こうした文化力の背景になったのが、「江浙実れば天下足る（チャンパ米による収穫高増）」と言われた米や茶、塩、絹織物など生活の必需品を産出した経済力だった。「平話」や「弾詞」といった庶民のための文芸が発展し、明代の『白蛇伝』『西湖二集』や、清

CHINA
浙江省

代の『西湖佳話』『西湖拾遺』など、杭州を舞台にした文芸作品も多く生まれた。元、明、清代を通じて杭州は、首都北京に勝るともおとらない繁栄を見せ、北京の清朝皇帝は南巡して江南の文化を愛でた。19世紀に上海が開港したことで、相対的に立場を逆転させたが、杭州は蘇州とともに上海の文化や食、人材などで大きな影響をあたえている。

▲左　夜の河坊街、宋代すでに深夜のにぎわいが知られていた。　▲右　色鮮やかな扇子がならぶ

中河と縦横に走る運河

杭州市街の中心部を南北に走る中河は、この街の物資を運んだ大動脈「塩橋運河」を前身とする。塩橋という名前からもわかるように人びとの生活に必要な塩や油などが運ばれ、棚橋あたりが杭州の交通の中心となっていた。全長6kmの塩橋運河、小市河、茅山河などの南北の運河、それらの運河に直行し、西湖から水をひく清湖運河など、杭州の街では縦横に運河がはりめぐらされていた（かつての杭州は船を移動手段、運河を道路代わりとしたが、大半は埋め立てられた）。こうした城内を走る運河は、北は京杭大運河、東と南は銭塘江（浙

CHINA
浙江省

江閘と龍山閘）に通じ、物資が集散されていた。

杭州名物の竹箸

浙江省は竹の産地として知られ、杭州では古くから竹細工が親しまれてきた（杭州に隣接する臨安が有名な竹の産地）。杭州の竹箸は、山へ仕事に向かった農民が昼食用の箸を忘れて、竹を折って使ったのをはじまりとするという。その軽さや強度から細い竹が箸に使われ、箸の上部に銀や象牙細工をあしらったものも見られる。龍井茶やはさみとともに、杭州の竹箸は西湖（杭州）名物と言われてきた。

【地図】旧城北部

【地図】旧城北部の [★★☆]
- ☐ 湖濱地区 湖滨地区フウビンディイチュウ
- ☐ 京杭大運河 京杭大运河ジンハァンダアユンハァ

【地図】旧城北部の [★☆☆]
- ☐ 延安路 延安路イエンアンルウ
- ☐ 西湖之夜 西湖之夜シイフウチイイエ
- ☐ 解放路 解放路ジエファンルウ
- ☐ 陸游記念館 陆游纪念馆ルウヨウジイニィエングゥアン
- ☐ 南宋銭幣博物館 南宋钱币博物馆 ナンソォンチィエンビイボオウゥグゥアン
- ☐ 武林広場 武林广场ウウリングゥアンチャアン
- ☐ 天主堂 天主堂ティエンチュウタン
- ☐ 絲綢城 丝绸城スウチョウチャン
- ☐ 西湖大道 西湖大道シイフウダアダオ
- ☐ 杭州駅 杭州火车站ハァンチョウフゥオチャアジャン

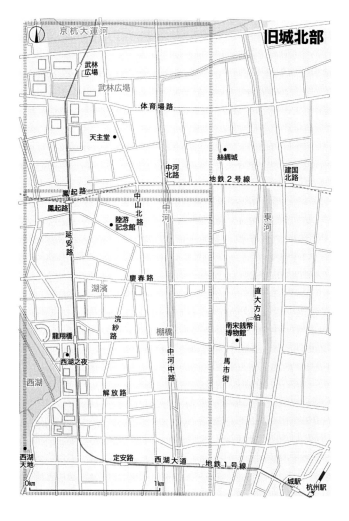

Guide, Hu Bin
湖濱城市案内

西湖の東側に広がる湖濱エリア
大型店舗が立ちならぶ延安路
ショップやカフェも多く見られる

湖濱地区 湖滨地区
hú bīn dì qū フウビンディイチュウ [★★☆]

西湖に面した杭州旧城西側の湖濱地区は、20世紀に入ってから開発された地域。清朝時代、満州族の八旗が拠点とする満城のおかれていた場所で、中華民国時代に新市場となり、やがて西湖と旧城が結ばれた(清朝では少数の満州族が漢族を統治するという構造があり、湖濱地区に清朝城郭があった)。現在では銘徳広場や湖濱銀泰などの大型店舗が立ち、杭州を代表する商業地域となっている。

延安路 延安路 yán ān lù イエンアンルウ ［★☆☆］

呉山広場（南）と武林広場（北）の市街南北を結び、杭州最大規模の商業地区をつくる延安路。地下鉄1号線は延安路の地下を走り、杭州を代表する西湖銀泰百貨、解百新元華、解百百貨といった大型店舗、中国人民銀行や外資系チェーン店がならぶ。また戦前（日中戦争時代）は延齢路と呼ばれ、日本人が多く進出したという経緯もあり、戦後、中華人民共和国成立とともに延安路に改名された。

【地図】湖濱

【地図】湖濱の ［★★☆］
- [ ] 湖濱地区 湖滨地区 フウビンディイチュウ

【地図】湖濱の ［★☆☆］
- [ ] 延安路 延安路 イエンアンルウ
- [ ] 西湖之夜 西湖之夜 シイフウチイイエ
- [ ] 呉山夜市 吴山夜市 ウウシャンイェシイ
- [ ] 解放路 解放路 ジエファンルウ
- [ ] 相国井 相国井 シィアングゥオジィン
- [ ] 陸游記念館 陆游纪念馆 ルウヨウジイニィエングゥアン
- [ ] 西湖大道 西湖大道 シイフウダアダオ

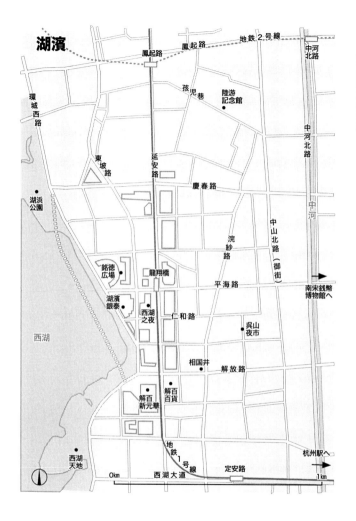

CHINA
浙江省

西湖之夜 西湖之夜 xī hú zhī yè シイフウチイイエ ［★☆☆］
「西湖之夜」は音楽や踊りを駆使し、華麗な衣装やセットのなか展開する現代劇。『梁山伯と祝英台』『白蛇伝』や、金軍と戦いやがて殺害される岳飛の話など、杭州西湖のほとりで育まれてきた物語を素材とする。「岳王雄風」「南宋盛景」「梁祝情縁」「東方仏光」「風雅西湖」「銭江時代」の6幕からなる。

呉山夜市 吴山夜市
wú shān yè shì ウウシャンイェシイ ［★☆☆］
呉山夜市は杭州有数の繁華街の仁和路界隈に出るナイトマー

▲左　延安路界隈には大型商店、銀行などがならび立つ。　▲右　ショッピング・モールには中流層が集まる

ケット。赤ちょうちんのなか、屋台や雑貨店といった露店がならぶ。骨董品からファッションまで、女性向け衣服や雑貨、傘、かばん、時計などの商品が陳列されている。

解放路 解放路 jiě fàng lù ジエファンルウ ［★☆☆］

解放路は、銀行や大型商業店舗、ホテルが集まる杭州の大動脈。杭州旧城中心部を東西に走り、西湖北側から杭州旧城、鉄道駅を越えて銭江新城を結ぶ。

CHINA
浙江省

相国井 相国井
xiāng guó jǐng シィアングゥオジィン ［★☆☆］

相国井は唐代、杭州住民の飲料水を確保する目的で掘られた井戸のひとつ。海に近く、古くは海底だった杭州では真水の確保に苦心した（塩分の強かった西湖も唐代には淡水化した）。そのため、唐代の杭州官吏李泌(781 ～ 784 年に赴任)は、杭州市街に 6 つの井戸を掘って地下水の確保につとめた。相国井はそのなかのひとつとなっている。

陸游記念館 陆游纪念馆
lù yóu jì niàn guǎn ルウヨウジイニィエングゥアン[★☆☆]
武林路から鳳起路、中山北路（南宋御街）へ続く孩児巷。ここは南宋の官吏陸游（1125〜1210年）が杭州で暮らした場所で、現在は陸游記念館が開館している。南宋前半に生きた陸游は、宰相秦檜に反発して金への強硬策を唱えたが、秦檜の孫秦塤に敗れて科挙の首席になれず、国史編纂官などをつとめた。陸游は四川へ赴任するにあたって書いた紀行文『入蜀記』を残している。

CHINA
浙江省

南宋銭幣博物館 南宋钱币博物馆 nán sòng qián bì bó wù guǎn ナンソォンチィエンビイボオウゥグゥアン ［★☆☆］

商業の発達にかかせない存在だった宋銭にまつわる展示が見られる南宋銭幣博物館。貨幣経済が浸透した宋代（960〜1279年）、宋銭が大量に刷られ、日本や朝鮮半島、東南アジア一帯にも広がった（宋銭はおもに北宋時代に鋳造された）。宋銭は日本の5円玉と同じ、中心に四角い穴の空いた「円型方孔」型で、唐代に現れたこのかたちが清代まで続いた。宋銭は日宋貿易のときの日本側の重要な輸入品となり、近世にいたるまで宋銭が日本の貨幣として流通していた。

Guide,
Wu Lin Guang Chang
武林広場
城市案内

武林広場は市街北部の繁華街
西湖文化広場や絲綢城が位置し
京杭大運河が北方へ続いている

武林広場 武林广场
wǔ lín guǎng chǎng ウウリングゥアンチャアン [★☆☆]
杭州旧城北に位置し、20世紀末に開発が進んだ武林広場界隈。武林広場を中心に杭州大厦、銀泰百貨、杭州百貨大楼といった大型店舗や高層ビルが林立する。また近くには杭州劇院などの文化施設も位置し、杭州でも感度の高い人びとが行き交うエリアとなっている。武林は杭州の古名で、杭州旧城北西にあった武林門に由来する。

【地図】武林広場

【地図】武林広場の [★☆☆]

- ☐ 武林広場 武林广场 ウウリングゥアンチャアン
- ☐ 武林路 武林路 ウウリンルウ
- ☐ 天主堂 天主堂 ティエンチュウタン
- ☐ 西湖文化広場 西湖文化广场 シイフウウェンフゥアグゥアンチャン
- ☐ 浙江自然博物館 浙江自然博物馆 チャアジィアンズゥランボオウゥグゥアン
- ☐ 陸游記念館 陆游纪念馆 ルウヨウジイニィエングゥアン

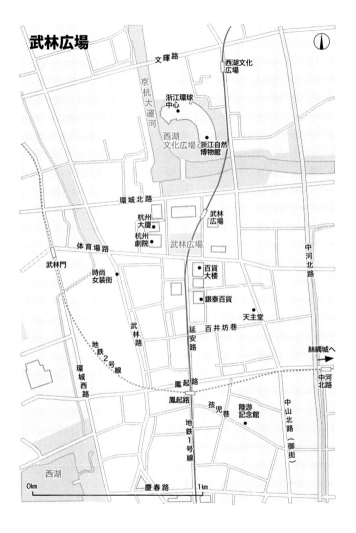

浙江省

武林路 武林路 wǔ lín lù ウウリンルウ ［★☆☆］
西湖にそって南北に走る武林路。北側に位置する時尚女装街は杭州を代表するファッション・ストリートとなっている。

天主堂 天主堂 tiān zhǔ táng ティエンチュウタン ［★☆☆］
杭州を代表するキリスト教会の天主堂。明代の1661年、イエズス会のマルティノ・マルティニに建てられた無原罪聖母堂をはじまりとする（大航海時代、イエズス会は明代の中国に進出した）。石づくりのこぢんまりとした建築で、中央に十字架が載る。

▲左　杭州旧城北側に位置する武林広場。　▲右　おしゃれな店と夜遅くまで絶えない人

絲綢城 丝绸城 sī chóu chéng　スウチョウチャン［★☆☆］

蘇州とならぶ絹織物の都として知られてきた杭州。絲綢城には、数百という絹製品、絹織物など絹製品をあつかう店が集まる。これらの店は通りの両脇に立つ白い壁、黒の屋根瓦という伝統的な江南民居に入居している。

西湖文化広場 西湖文化广场 xī hú wén huà guǎng chǎng
シイフウウェンフゥアグゥアンチャン［★☆☆］

運河をはさんで北側の杭州旧城外に位置する西湖文化広場。高さ173m、41階建ての浙江環球中心がそびえ、円型広場を

CHINA
浙江省

中心に博物館、ショッピング・モール、オフィス、レストランなどが集まった複合施設となっている。

浙江自然博物館 浙江自然博物馆
zhè jiāng zì rán bó wù guǎn
チャアジィアンズゥランボオウゥグゥアン [★☆☆]

1929年に西湖博物館を前身とする自然博物館（歴史分野と自然分野で浙江省博物館とわかれた）。動物や植物の化石、鉱物を収蔵し、浙江省で発掘されたジアンシャノサウルス、アンキロサウルスの化石、恐竜の卵も展示する。

Guide, Da Yun He
大運河
城市案内

CHINA
浙江省

杭州からはじまる大運河は
はるか彼方の北京へと続く
世界遺産にも指定されている京杭大運河

勝利河美食街 胜利河美食街
shèng lì hé měi shí jiē シェンリイハァメイシイジエ[★☆☆]
大運河に続く勝利河にそってずらりとレストランがならぶ勝利河美食街。杭州料理のほか、四川料理、広東料理、麺料理、鍋料理など多彩な料理を出す店舗が軒をつらねる。上塘路側には牌楼が立ち、運河側は富義倉公園となっている。

Hangzhou 大運河城市案内

大兜路歴史文化街区 大兜路历史文化街区
dà dōu lù lì shǐ wén huà jiē qū
ダァドウルウリイシイウェンフゥアジエチュウ ［★☆☆］

京杭大運河のほとりに残る古い江南の街並みの大兜路歴史文化街区。杭州旧城外のこの地は、京杭大運河を通じて運ばれてきた物資がおろされる場所で、倉庫や茶店がならび、おおいににぎわっていた（蘇州の山塘街に相当する）。清代以来の江南民居、大関橋、江漲橋といった運河にかかる橋、その下を行き交う船、北方に運ぶ糧米を保管するための富義倉、香積寺石塔などが見られる。

【地図】京杭大運河

【地図】京杭大運河の ［★★☆］
- ☐ 拱宸橋 拱宸桥 ゴォンチェンチァオ
- ☐ 京杭大運河 京杭大运河 ジンハァンダアユンハァ

【地図】京杭大運河の ［★☆☆］
- ☐ 勝利河美食街 胜利河美食街 シェンリイハァメイシイジエ
- ☐ 大兜路歴史文化街区 大兜路历史文化街区
  ダァドウルウリイシイウェンフゥアジエチュウ
- ☐ 小河直街 小河直街 シャオハアチィジエ
- ☐ 中国京杭大運河博物館 中国京杭大运河博物馆
  チョングゥオジンハァンダアユンハァボオウゥグゥアン
- ☐ 武林広場 武林广场 ウウリングゥアンチャアン
- ☐ 西湖文化広場 西湖文化广场
  シイフウウェンフゥアグゥアンチャン
- ☐ 杭州高新技術産業開発区 杭州高新技术产业开发区
  ハァンチョウガオシンジイシュウチャンイェエカイファアチュウ

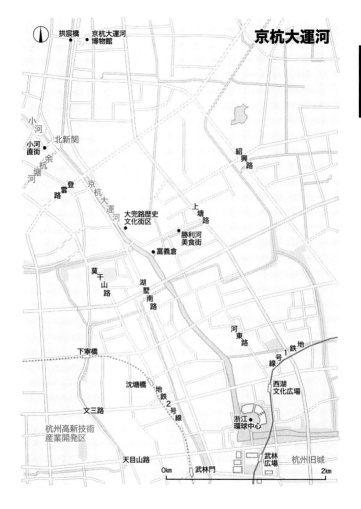

CHINA
浙江省

小河直街 小河直街
xiǎo hé zhí jiē シャオハアチィジエ [★☆☆]

大運河と小河、余杭塘河という3つの運河の交わる場所に開けた小河直街。このあたりは北新関と呼ばれ、京杭大運河の南側の終着点でもあった(ここから小舟に積みかえて杭州旧城に運んだほか、集められた糧米や税務管理を行なった。この北新関の北を新開運河、南を旧運河と言った)。伝統的な江南民居とともに運河に面した生活ぶりが残っている。

▲左　京杭大運河、杭州からはるか遠く北京まで続く。　▲右　江南の伝統や文化を伝えてきた

拱宸橋 拱宸桥
gǒng chén qiáo　ゴォンチェンチャオ［★★☆］

京杭大運河にかかる長さ92 mの美しい拱宸橋。ゆるやかな三角形をした頂部中央の高さは16mになり、橋下の3つのアーチをくぐって船が往来する。明代1631年に造営され、その後、修繕を繰り返し、清朝末期に現在の姿となった。近くの北新関が運河の南側の終点にあたり、大型の船が往来できるよう橋の高さが確保され、運河終点の北新関から南の杭州城へは小型船に積みかえられた。

CHINA
浙江省

中国京杭大運河博物館 中国京杭大运河博物馆
zhōng guó jīng háng dà yùn hé bó wù guǎn
チョングゥオジンハァンダアユンハァボオウゥグゥアン [★☆☆]

拱宸橋東に立つ中国京杭大運河博物館。北京、洛陽、長安、揚州、杭州を結ぶ大運河は、隋の煬帝によって610年、完成した。大運河は万里の長城とならぶ中国の二大土木事業とされ、世界遺産にも指定されている。この博物館では、長安から開封、北京へと首都とともに東へ移動した大運河の変遷、糧米や茶、陶器、絹織物を運んだ運河の利用、浙江省の運河、運河の文化などを模型やパネルを使って展示する。

京杭大運河 京杭大运河
jīng háng dà yùn hé ジンハァンダアユンハァ [★★☆]

南の杭州から北の北京へいたり、銭塘江、長江、淮河、黄河、海河という5つの水系を結んだ全長1794kmの京杭大運河。各地にあった別々の運河を610年、隋の煬帝がつなぎあわせて完成させ、杭州から北京へ直接、北上する現在の東ルートの運河は1293年に開通した。緯度や気候で異なる作物や物資を運搬し、おもに年に数度、収穫される豊かな江南の糧米が華北に運ばれた。「経済の中心地」江南と「政治の中心地」華北を結びつけたことから、大運河は王朝の盛衰をにぎる生

CHINA
浙江省

命線でもあった。また北京の皇帝は京杭大運河を利用して南巡し、遣唐使として海を渡った空海、仏教僧や遣明使などはこの交通路を利用して北方に向かっている。陸路よりも大量に、安価に物資を運べることから、長らく交通の大動脈となっていたが、近代以降、鉄道にとって代わられ役割を終えた。

杭州にあった日本租界

日清戦争後に結ばれた1895年の下関条約で開設された杭州日本租界。離れた場所に隔離するという中国側の意図もあって、杭州旧城からはるか北の拱宸橋東側におかれていた(日

▲左　杭州市街にひっそりと残る運河、その役目を終えた。　▲右　西湖でとれた魚に、とろみあるしょうゆを使う紅焼

本側は綿花や絹の集散にあたって運河沿いで交通の便がよいことから納得した)。立地が悪かったことから、あまり栄えることなく、1943年に返還された。日本によって建てられた近代建築もわずかに残る。

【MEMO】

Guide, Huang Long
黄龍
城市案内

西湖北側に広がる黄龍
IT企業や大学が集まり
杭州の新たな息吹を感じるエリア

杭州高新技術産業開発区 杭州高新技术产业开发区
háng zhōu gāo xīn jì shù chǎn yè kāi fā qū ハァンチョウガオシンジイシュウチャンイェエカイファアチュウ[★☆☆]

杭州高新技術産業開発区は西湖の北側と、銭塘江をはさんで南側の蕭山側（濱江区）のふたつの地域に位置する開発区。IT、ソフトウェア、バイオ、エレクトロニクスといった分野の企業が集まり、中国を代表するハイテク産業地区となっている。この開発区は上海へのアクセスのよさ、長江デルタの抱える莫大な人口を後背地とする利点があり、税制の優遇などで外資の誘致を進めている。

【地図】黄龍の [★☆☆]

- ☐ 杭州高新技術産業開発区 杭州高新技术产业开发区 ハァンチョウガオシンジイシュウチャンイェエカイファアチュウ
- ☐ 黄龍 黄龙 フゥアンロン
- ☐ 曙光路 曙光路 シュウグゥアンルウ
- ☐ 黄龍体育中心 黄龙体育中心 フゥアンロンティイユウチョンシン

CHINA
浙江省

黄龍 黄龙 huáng lóng フゥアンロン [★☆☆]
中国を代表するIT企業や外資系企業が集まるビジネス街の黄龍。西湖に近い生活環境、立地環境のよさを特徴とし、高層ビルや大型店舗が林立する。この黄龍の中心部を東西に文三路電気街が走り、西側は中流層以上の多く暮らす高級住宅街となっている。

▲左 サッカーの試合も行なわれる黄龍体育中心。　▲右　黄龍界隈では洗練された街並みが広がっている

曙光路 曙光路 shǔ guāng lù シュウグゥアンルウ ［★☆☆］

岳王廟から北山を迂回するように北東へ走る曙光路。このあたりには龍井茶などを出し、茶芸を行なう大型茶館もならぶ。

黄龍体育中心 黄龙体育中心 huáng lóng tǐ yù zhōng xīn フゥアンロンティイユウチョンシン ［★☆☆］

黄龍体育中心（ドラゴン・スポーツセンター）は杭州西湖のほとりに位置するスポーツ文化の発信地。サッカーや陸上競技会が開かれる黄龍体育場、バスケットやバドミントンが行なわれる黄龍体育館、水泳場の遊泳館などからなる。

【MEMO】

Guide,
Qian Jiang Xin Cheng
錢江新城
城市案内

钱江新城は杭州旧城の東側
钱塘江沿いに新たにつくられた開発区
未来都市を思わせる大型建築が立つ

錢江新城 钱江新城
qián jiāng xīn chéng チィエンジィアンシンチャン[★★☆]
钱塘江に面する钱江新城は、21世紀に入ってから急速に開発が進んだ杭州のCBD（中央業務区）。杭州国際会議中心、杭州財富金融中心といった高層ビルやオフィス、市民中心や杭州大劇院などの文化施設が集まり、杭州の政治、経済、文化の新たな中心へと成長を続けている。長らく杭州の発展は西湖湖畔の旧市街にあったが、土地の確保などを目的に、20世紀末の改革開放以来、この地が注目されるようになった。2006年、杭州钱江経済開発区がおかれ、インフラや住環境面、

【地図】銭江新区

【地図】銭江新区の ［★★☆］
- [ ] 銭江新城 钱江新城 チィエンジィアンシンチャン
- [ ] 市民中心 市民中心 シィミンチョンシン
- [ ] 銭塘江 钱塘江 チィエンタンジィアン

【地図】銭江新区の ［★☆☆］
- [ ] 崇一堂 崇一堂 チョンイイタン
- [ ] 杭州駅 杭州火车站 ハァンチョウフゥオチャアジャン

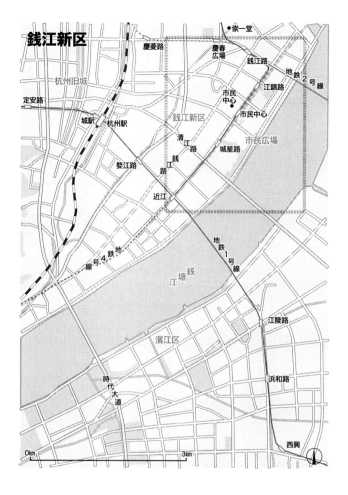

【地図】市民広場

【地図】市民広場の [★★☆]
- [ ] 钱江新城 钱江新城 チィエンジィアンシンチャン
- [ ] 市民中心 市民中心 シィミンチョンシン
- [ ] 钱塘江 钱塘江 チィエンタンジィアン

【地図】市民広場の [★☆☆]
- [ ] 杭州大劇院 杭州大剧院 ハァンチョウダアジュウユゥエン
- [ ] 杭州国際会議中心 杭州国际会议中心 ハァンチョウグゥオジイフイイイチョンシン
- [ ] 浙江財富金融中心 浙江财富金融中心 チャアジィアンツァイフウジンロンチョンシン
- [ ] 杭州万象城 杭州万象城 ハァンチョウワンシィアンチャン
- [ ] 解放路 解放路 ジエファンルウ

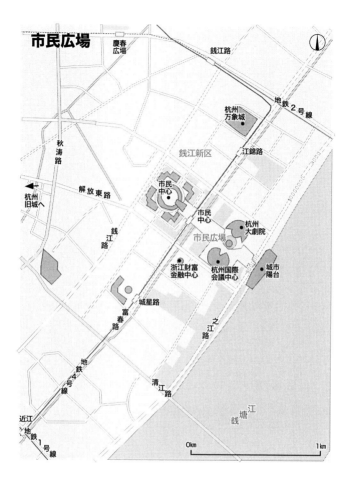

CHINA
浙江省

衛生面なども考慮された新市街となっている。

市民中心 市民中心 shì mín zhōng xīn シィミンチョンシン [★★☆]
銭江新城の中心部に立ち、杭州の新たな象徴となっている市民中心。6つの高層建築が上部で円型状につながり、中央は広場となっている。杭州市民の知的インフラでもある図書館、杭州の変遷を展示した杭州市城市規劃展覧館も併設する。銭塘江に向かって市民広場が伸び、その左右に杭州国際会議中心、杭州大劇院を配置させ、銭塘江に浮かぶように城市陽台が位置する。

▲左　上層階で円型に建物がつながる市民中心。　▲右　銭江新城を代表する現代建築の杭州大劇院

杭州大劇院 杭州大剧院
háng zhōu dà jù yuàn ハァンチョウダアジュウユゥエン[★☆☆]

ガラスのカーテン・ウォールに覆われた曲線状の外観をもつ杭州大劇院。1600席、600席など用途にあわせた複数のホールを擁し、クラシック・コンサートやオペラなどが上演される。

CHINA
浙江省

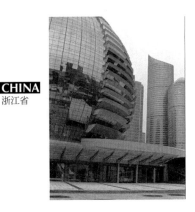

▲左 巨大な金色の球体、ど派手な杭州国際会議中心。 ▲右 銭江新城は新たな杭州、街は郊外に拡大している

杭州国際会議中心 杭州国际会议中心
háng zhōu guó jì huì yì zhōng xīn
ハァンチョウグゥオジイフイイイチョンシン [★☆☆]

銭江新城でひときわ目立つ巨大な金色球体のたたずまいを見せる杭州国際会議中心（金色球体の直径は85mある）。会議を行なうホール、レセプション・ルーム、高級ホテルなどからなり、会議やレジャー、休暇のための施設がひとつに集まっている。

【MEMO】

浙江省

浙江财富金融中心 浙江财富金融中心
zhè jiāng cái fù jīn róng zhōng xīn
チャアジィアンツァイフウジンロンチョンシン ［★☆☆］

銭江新城に立つ高層ツインタワーの浙江財富金融中心。東塔は高さ188m、37階建て、西塔は高さ258m、55階建てで、高さの異なるふたつの塔が美しい姿を見せる。2011年に完成し、銀行はじめ金融系企業のオフィスなどが入居する。

杭州万象城 杭州万象城 háng zhōu wàn xiàng chéng
ハァンチョウワンシィアンチャン ［★☆☆］

銭江新城に位置する大型複合商業施設の杭州万象城。食料、

衣類、雑貨をあつかうショッピング・モール、高級ホテル、オフィスが入居する。

崇一堂 崇一堂 chóng yī táng チョンイイタン ［★☆☆］
1866年、上海から杭州へやってきたイギリス人宣教師によって建てられたプロテスタント教会を前身とする崇一堂。アヘン戦争後の南京条約（1842年）で上海が開港され、多くの宣教師が中国布教に乗り出し、病気の治療とともに布教を進めていった。当初、杭州駅近くにあり、変遷を繰り返しながら、2005年に現在の位置に遷った。

Guide, Xiao Shan
蕭山
城市案内

錢塘江をはさんで見える高層ビル群
杭州対岸は衛星都市として
急速に開発が進む

蕭山 萧山 xiāo shān シィァオシャン ［★☆☆］

錢塘江をはさんで杭州の対岸に位置する蕭山は、錢塘江が運ぶ土砂の堆積でできた沖積平野からなる。春秋時代、越王勾践と范蠡がこの地に城を築いたとも言われ、北方文化の色濃い杭州に対して、浙江の伝統的な暮らしを伝える蕭山城や西興鎮があった。また長らく西興（蕭山）は、紹興、寧波を結ぶ浙東運河の起点で、杭州への渡河地点となってきた（錢塘江の川底が浅いため、杭州は寧波を外港とし、そこから船は西興から杭州にいたった）。杭州からの鉄道路線が寧波方面と江西省方面にわかれるのも蕭山で、現在は錢塘江沿いの濱

【地図】蕭山

【地図】蕭山の ［★★☆］
- [ ] 钱江新城 钱江新城 チィエンジィアンシンチャン
- [ ] 市民中心 市民中心 シィミンチョンシン
- [ ] 钱塘江 钱塘江 チィエンタンジィアン

【地図】蕭山の ［★☆☆］
- [ ] 蕭山 萧山 シィアオシャン
- [ ] 杭州休博園 杭州休博园 ハァンチョウシィウボオユュエン
- [ ] 杭州高新技術産業開発区 杭州高新技术产业开发区 ハァンチョウガオシンジイシュウチャンイェエカイファアチュウ
- [ ] 杭州国家動画産業基地 杭州国家动画产业基地 ハァンチョウグゥオジィアドンフゥアチャンイェエジイディイ
- [ ] 杭州駅 杭州火车站 ハァンチョウフゥオチャアジャン

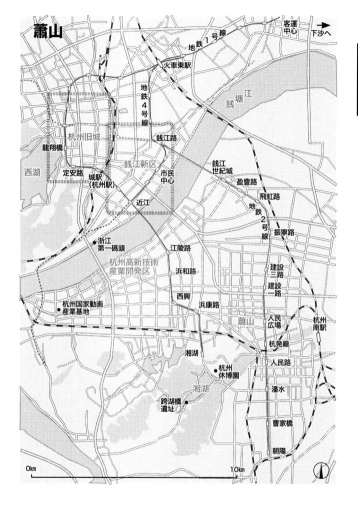

CHINA
浙江省

江区に杭州高新技術産業開発区がおかれるなど、杭州対岸は衛星都市として急速な発展を見せている。

杭州休博園 杭州休博园 háng zhōu xiū bó yuán
ハァンチョウシィウボオユゥエン [★☆☆]

風光明媚な湘湖のほとりに展開するレクリエーションとビジネス地区をあわせた杭州休博園（游憩商業区RBD）。杭州休博園会展中心といった公共施設、ホテル、遊園地、ショッピング・モール、高級住宅地などの集まる複合総合施設となっている。この杭州休博園の位置する湘湖は、北宋時代、春夏

▲左　杭州対岸の濱江区そして蕭山、高層ビルが林立する。　▲右　杭州経済技術開発区に位置する杭州バスターミナル

の水の氾濫と、秋の灌漑対策でつくられた人造湖。またこの湘湖で跨湖橋遺址という新石器時代の遺構が確認されており、古くから人類が居住していたことがわかっている。

杭州国家動画産業基地 杭州国家动画产业基地
háng zhōu guó jiā dòng huà chǎn yè jī dì ハァンチョウグゥオジィアドンフゥアチャンイェエジイディイ ［★☆☆］

銭江大橋を渡った蕭山側の、銭塘江ほとりに位置する杭州国家動画産業基地。「動漫之都（アニメ・マンガの都）」としても知られる杭州では、大学や専門学校を通じてアニメやマン

CHINA
浙江省

ガの人材を養成する教育環境がととのっている。また官民あげてのとり組みから、「中国国際動漫節(アニメフェスティバル)」も開催されている。アニメやマンガ産業のほか、映画、ゲーム、テレビなどの制作会社も集まる。

杭州経済技術開発区 杭州经济技术开发区
háng zhōu jīng jì jì shù kāi fā qū
ハァンチョウジンジイジイシュウカイファアチュウ[★☆☆]

杭州経済技術開発区(下沙新城)は、杭州から銭塘江をくだった下沙に位置する開発区。20世紀末から開発がはじま

Hangzhou

蕭山城市案内

り、整然とした街区のなか医薬や科学技術をはじめとする企業のオフィスビルや工場が集まるようになった。杭州市街とは地下鉄で結ばれ、上海への立地、杭州空港への距離、寧波港や洋山深水港（上海港）を使える環境から、多くの日系企業が進出する。杭州市街の東側に隣接する「銭江経済開発区」、市街北側と銭塘江対岸に位置する「高新技術産業開発区」とともに杭州の開発区を構成する。

【地図】下沙の [★★☆]
- [ ] 銭塘江 钱塘江 チィエンタンジィアン

【地図】下沙の [★☆☆]
- [ ] 杭州経済技術開発区 杭州经济技术开发区 ハァンチョウジンジイジイシュウカイファアチュウ
- [ ] 蕭山 萧山 シィアオシャン

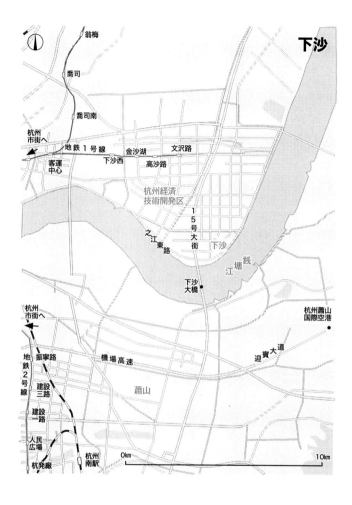

Guide, Hang Zhou Jiao Qu
杭州郊外城市案内

CHINA
浙江省

夏王朝以前の遺構良渚遺跡
逆流する銭塘江の潮の見どころ海寧塩官
五山十刹最高格式の径山寺も位置する

海寧塩官 海宁盐官
hǎi níng yán guān ハイニンヤングゥアン [★☆☆]

杭州から50km下流にくだった銭塘江沿いに位置する海寧塩官。ここでは銭塘江の川幅は3kmになり、旧暦8月に起こる潮の逆流「大海嘯」の見どころとして知られてきた。明代に建てられた鎮海塔、清代に整備された全長53.6kmになる防波堤の魚鱗塘、浙江総督李衛による潮をおさえるための海神廟（伍子胥と呉越王銭鏐をまつる）、清朝官吏で乾隆帝の父とも言われる陳氏の陳閣楼が残る。

乾隆帝の南巡

満州族出身の清朝皇帝のなかでも最盛をほこった第6代乾隆帝には、ある噂がささやかれていた。第5代雍正帝に「女の子」が生まれたのと同時に、宮廷に仕えていた陳氏にも「男の子」が生まれたので、ふたりをとりかえたのだという。乾隆帝が六度の南巡のうち、四度も杭州郊外の塩官鎮を訪れ、陳閣楼に足を運んでいるのは、実父の家に滞在する目的があったからだと話は続く。清朝末期には、乾隆帝が身分を隠して町人に変装し、悪徳官吏や商人を成敗するという物語も好まれていた。「（乾隆帝が）実は満州族ではなく漢族だった」という

【地図】杭州郊外

【地図】杭州郊外の [★★☆]
- [ ] 銭塘江 钱塘江 チィエンタンジィアン

【地図】杭州郊外の [★☆☆]
- [ ] 海寧塩官 海宁盐官 ハイニンヤングゥアン
- [ ] 杭州湾 杭州湾 ハァンチョウワン
- [ ] 良渚文化遺跡 良渚文化遗址 リィアンチュウウェンフゥアイイチイ
- [ ] 径山寺 径山寺 ジンシャンスウ
- [ ] 富春山居 富春山居 フウチュンシャンジュウ
- [ ] 龍門古鎮 龙门古镇 ロンメングゥウチェン
- [ ] 天目山 天目山 ティエンムウシャン

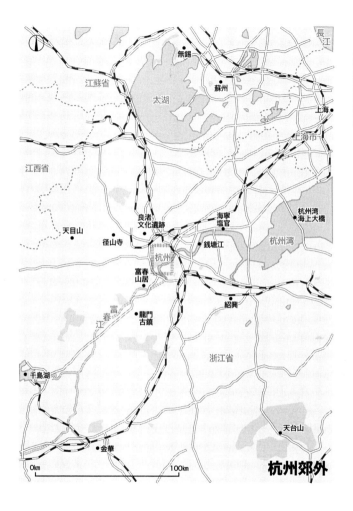

噂は、異民族支配を受けるなかで漢族が自らを納得させる話をつくったとも考えられている。

杭州湾 杭州湾 háng zhōu wān ハァンチョウワン ［★☆☆］
らっぱ状に開いた銭塘江河口から続く杭州湾。海底が浅く、その独特の地形から大海嘯という潮の逆流現象が観測される。杭州を頂点に底辺角にそれぞれ上海と寧波が位置し、北（上海）側の乍浦、南側の寧波などは海流の関係もあって、古くから日本との船が往来した中国側の窓口だった。現在は、この杭州湾を縦断する全長36kmの杭州湾海上大橋がかかっている。

▲左　旧暦8月、潮が逆流する銭塘江。　▲右　杭州郊外では豊かな竹林も見られる

良渚文化遺跡 良渚文化遗址 liáng zhǔ wén huà yí zhǐ リィアンチュウウェンフゥアイイチイ［★☆☆］

良渚文化遺跡は、黄河文明よりも古い紀元前3300〜前2000年ごろの新石器時代の遺跡。浙江省北部から江蘇省東部、上海に広がり、人びとは稲作や漁労を生活の糧とし、杭州郊外の良渚鎮にその首府がおかれていた。良渚文化では、のちの中国の祭祀で重要な役割を果たす精巧な「玉」がつくられ、宮殿跡のような基壇のほか、東西1500m、南北1800mからなる城壁も発見されている。絹織物や土器、農耕具、工具も出土し、玉の文明はここから黄河文明の殷周に伝わったと見

CHINA
浙江省

られている(伝説の三皇五帝のうち、良渚文化の指導者は非漢民族にあたる人物にも比定できる)。こうした良渚文化遺跡は地球規模の気候変動を受けて、洪水などによって滅んだと考えられている。

径山寺 径山寺 jìng shān sì ジンシャンスウ [★☆☆]
天目山系の杭州北西40kmにある径山寺は、禅文化の中心地としてにぎわってきた名刹。唐代の768年、万寿禅寺が創建され、宋代には径山、霊隠、浄慈(杭州)、天童、育王(寧波)からなる五山の筆頭格となった。鎌倉時代の仏僧は寧波

▲左 レストランに集まって箸をつつきあう杭州人。 ▲右 日本で天目茶碗の名前でも知られた浙江省の陶磁器

から径山寺を目指し、曹洞宗の道元もこの地で修行している。茶や当時最先端の仏教、径山寺味噌（江蘇省鎮江の金山寺のものともいう）など、五山の文化が径山寺から日本へもたらされた。寺院は太平天国の乱（1851〜64年）で消失したが、その後、伽藍が再建された。

富春山居 富春山居
fù chūn shān jū フウチュンシャンジュウ [★☆☆]

杭州から銭塘江をさかのぼった富春江のほとりにたつ富春山居。美しい自然のなか広がり、宿泊施設、会議場、レストラ

CHINA
浙江省

ンなどを一体とする高級リゾートとなっている。富春山居という名前は、元代、このあたりで黄公望が描いた水墨画の傑作『富春山居図』に由来する。

龍門古鎮 龙门古镇
lóng mén gǔ zhèn ロンメングゥウチェン [★☆☆]
富陽に位置する江南の古い街並みを残す龍門古鎮。『三国志』の孫権は富陽の出身で、その末裔の暮らす村と知られている（富陽あたりの豪族だった孫権はやがて西へ進出して、魏の曹操、蜀の劉備と三国時代を争った）。白い壁に黒の屋根と

いう伝統的な江南民居が水辺に展開する。

天目山 天目山 tiān mù shān ティエンムウシャン ［★☆☆］
浙江省西部を走り、豊かな自然のなか、景勝地が点在する天目山系。東天目山（1479m）と西天目山（1507m）にそれぞれある池がふたつの瞳に見えることから天目山と呼ばれるようになった。浙江は訪中する仏教僧らの窓口となっていたこともあり、この天目山の名前をとった天文茶碗（中国の茶器）が日本では大変、珍重された。

杭州で育まれた中国文化

南宋から元代、中国の最先進地だった杭州
陶磁器や出版印刷など
華々しい中国文化がこの地で育まれた

越州（浙江省）の陶磁器

中国では土を焼き、釉薬をほどこすこの陶磁器が芸術の域にまで高めれ、書画とならんで中国美術の最高峰にあげられる。素地や焼成温度によって土器や陶器、磁器、炻器などに分類される陶磁器は、唐末の9世紀ごろから庶民に利用されるようになった。浙江の越州窯は1世紀ごろから陶磁器の最先端をいっていたが、とくに呉越国（907～978年）時代、最高品質の「秘色青磁」が生み出された（宋に併合されたとき、呉越王は5万点の越窯青磁を開封に送ったという）。続く、北宋、南宋時代は中国陶磁器の黄金期とされ、土にふくまれ

CHINA
浙江省

る鉄分や焼成方法、釉薬を緻密に計算して白磁器や青磁器、黒釉磁などが焼かれた。南宋、宮廷御用達の官窯で生産されたものは「尤も得難し」と評価され、のちの世の皇帝たちが求めるほどだった。

出版印刷文化

中国四大発明（紙・印刷・火薬・羅針盤）のうち、紙と印刷を使った出版文化、また羅針盤を使った南海交易が南宋の都杭州で飛躍的な発展をとげた。版木に文字を刻み、紙に印刷することで大量頒布が可能になる木版印刷は南宋に先立つ唐

Hangzhou 杭州で育まれた中国文化

▲左　西湖のある杭州は古くから日本人憧れの地であった。　▲右　夜遅くまで開店している杭州のスーパーマーケット

代に起こった。仏教で国をおさめようとした呉越国時代の杭州で大量の経典が印刷され、杭州は福建、四川とならぶ出版印刷文化の中心地となった。仏教経典のほか、科挙の合格に必要な問題集なども刷られ、南宋時代には出版者が営利企業化した（貴重な版木は国子監におさめられた）。読書人口の拡大は、杭州の科挙合格者を増大させ、明清時代には商人や町人も書物や物語に親しむようになった。

浙江省

茶と禅文化

今、世界中で飲まれているお茶は、中国の雲南、貴州あたりを原産地とする。お茶を飲む喫茶文化は唐代に中国全域に広がり、南宋(1127〜1279年)の杭州では茶館が立ち、人びとに茶が親しまれていた。霊隠寺や天台山に茶畑があったことからも、茶と仏教には密接な関係があり、禅の最中の眠気ざましで茶が飲まれたり、仏前で茶会が開かれた。南宋では朝廷が禅寺を管理する目的で五山十刹制度がととのえられ、そのうち杭州に径山寺、霊隠寺、浄慈寺の3つ、寧波に天童寺、育王寺の2つがあった。こうしたなか入宋したのが鎌倉

仏教の栄西で、南宋の仏教寺院で禅宗を学ぶとともに、茶樹を日本にもち帰り、日本の茶道がはじまった。

参考文献

『蘇州・杭州物語』(村上哲見 / 集英社)

『中国近世の都市と文化』(梅原郁 / 京都大学人文科学研究所)

『中国近世の百万都市』(J・ジェルネ / 平凡社)

『夢粱録』(呉自牧著・梅原郁訳注 / 平凡社)

『東方見聞録』(マルコ・ポーロ・愛宕松男訳注 / 平凡社)

『開封と杭州』(曽我部静雄 / 冨山房)

『宋代の料理と食品』(中村喬 / 中国芸文研究会)

『長江文明を訪ねて 良渚』(丘桓興 / 人民中国)

『中国における回教の伝来とその弘通』(田坂興道 / 東洋文庫)

『唐薬の故郷 -- 北京の同仁堂と杭州の胡慶余堂』(羽生和子 / 医譚)

『胡光[ヨウ]の倒産と中国生糸の輸出』(秦惟人 / 筑紫女学園大学・筑紫女学園大学短期大学部紀要)

『宋銭の世界』(伊原弘編 / 勉誠出版)

『大運河』(星斌夫 / 近藤出版社)

『ＮＨＫ特集 大海嘯〜中国　銭塘江の逆流〜』(1985年)

『世界大百科事典』(平凡社)

［PDF］杭州地下鉄路線図 http://machigotopub.com/pdf/hangzhoumetro.pdf

［PDF］杭州空港案内 http://machigotopub.com/pdf/hangzhouairport.pdf

まちごとパブリッシングの旅行ガイド

Machigoto INDIA , Machigoto ASIA , Machigoto CHINA

【北インド - まちごとインド】

001 はじめての北インド
002 はじめてのデリー
003 オールド・デリー
004 ニュー・デリー
005 南デリー
012 アーグラ
013 ファテープル・シークリー
014 バラナシ
015 サールナート
022 カージュラホ
032 アムリトサル

【西インド - まちごとインド】

001 はじめてのラジャスタン
002 ジャイプル
003 ジョードプル
004 ジャイサルメール
005 ウダイプル
006 アジメール（プシュカル）
007 ビカネール
008 シェカワティ
011 はじめてのマハラシュトラ
012 ムンバイ
013 プネー
014 アウランガバード
015 エローラ
016 アジャンタ
021 はじめてのグジャラート
022 アーメダバード
023 ヴァドダラー（チャンパネール）
024 ブジ（カッチ地方）

【東インド - まちごとインド】

002 コルカタ
012 ブッダガヤ

【南インド - まちごとインド】

001 はじめてのタミルナードゥ
002 チェンナイ
003 カーンチプラム
004 マハーバリプラム
005 タンジャヴール
006 クンバコナムとカーヴェリー・デルタ
007 ティルチラパッリ
008 マドゥライ
009 ラーメシュワラム
010 カニャークマリ
021 はじめてのケーララ
022 ティルヴァナンタプラム
023 バックウォーター（コッラム〜アラップーザ）
024 コーチ（コーチン）
025 トリシュール

【ネパール - まちごとアジア】

001 はじめてのカトマンズ
002 カトマンズ
003 スワヤンブナート

004 パタン
005 バクタプル
006 ポカラ
007 ルンビニ
008 チトワン国立公園

【バングラデシュ - まちごとアジア】

001 はじめてのバングラデシュ
002 ダッカ
003 バゲルハット（クルナ）
004 シュンドルボン
005 プティア
006 モハスタン（ボグラ）
007 パハルプール

【パキスタン - まちごとアジア】

002 フンザ
003 ギルギット（KKH）
004 ラホール
005 ハラッパ
006 ムルタン

【イラン - まちごとアジア】

001 はじめてのイラン
002 テヘラン
003 イスファハン
004 シーラーズ
005 ペルセポリス
006 パサルガダエ（ナグシェ・ロスタム）
007 ヤズド
008 チョガ・ザンビル（アフヴァーズ）
009 タブリーズ

010 アルダビール

【北京 - まちごとチャイナ】

001 はじめての北京
002 故宮（天安門広場）
003 胡同と旧皇城
004 天壇と旧崇文区
005 瑠璃廠と旧宣武区
006 王府井と市街東部
007 北京動物園と市街西部
008 頤和園と西山
009 盧溝橋と周口店
010 万里の長城と明十三陵

【天津 - まちごとチャイナ】

001 はじめての天津
002 天津市街
003 浜海新区と市街南部
004 薊県と清東陵

【上海 - まちごとチャイナ】

001 はじめての上海
002 浦東新区
003 外灘と南京東路
004 淮海路と市街西部
005 虹口と市街北部
006 上海郊外（龍華・七宝・松江・嘉定）
007 水郷地帯（朱家角・周荘・同里・甪直）

【河北省 - まちごとチャイナ】

001 はじめての河北省
002 石家荘
003 秦皇島
004 承徳
005 張家口
006 保定
007 邯鄲

【江蘇省 - まちごとチャイナ】

001 はじめての江蘇省
002 はじめての蘇州
003 蘇州旧城
004 蘇州郊外と開発区
005 無錫
006 揚州
007 鎮江
008 はじめての南京
009 南京旧城
010 南京紫金山と下関
011 雨花台と南京郊外・開発区
012 徐州

【浙江省 - まちごとチャイナ】

001 はじめての浙江省
002 はじめての杭州
003 西湖と山林杭州
004 杭州旧城と開発区
005 紹興
006 はじめての寧波
007 寧波旧城
008 寧波郊外と開発区
009 普陀山
010 天台山
011 温州

【福建省 - まちごとチャイナ】

001 はじめての福建省
002 はじめての福州
003 福州旧城
004 福州郊外と開発区
005 武夷山
006 泉州
007 厦門
008 客家土楼

【広東省 - まちごとチャイナ】

001 はじめての広東省
002 はじめての広州
003 広州古城
004 天河と広州郊外
005 深圳（深セン）
006 東莞
007 開平（江門）
008 韶関
009 はじめての潮汕
010 潮州
011 汕頭

【遼寧省 - まちごとチャイナ】

001 はじめての遼寧省
002 はじめての大連
003 大連市街
004 旅順
005 金州新区

006 はじめての瀋陽
007 瀋陽故宮と旧市街
008 瀋陽駅と市街地
009 北陵と瀋陽郊外
010 撫順

【重慶 - まちごとチャイナ】

001 はじめての重慶
002 重慶市街
003 三峡下り（重慶〜宜昌）
004 大足

【香港 - まちごとチャイナ】

001 はじめての香港
002 中環と香港島北岸
003 上環と香港島南岸
004 尖沙咀と九龍市街
005 九龍城と九龍郊外
006 新界
007 ランタオ島と島嶼部

【マカオ - まちごとチャイナ】

001 はじめてのマカオ
002 セナド広場とマカオ中心部
003 媽閣廟とマカオ半島南部
004 東望洋山とマカオ半島北部
005 新口岸とタイパ・コロアン

【Juo-Mujin（電子書籍のみ）】

Juo-Mujin 香港縦横無尽
Juo-Mujin 北京縦横無尽
Juo-Mujin 上海縦横無尽

【自力旅游中国 Tabisuru CHINA】

001 バスに揺られて「自力で長城」
002 バスに揺られて「自力で石家荘」
003 バスに揺られて「自力で承徳」
004 船に揺られて「自力で普陀山」
005 バスに揺られて「自力で天台山」
006 バスに揺られて「自力で秦皇島」
007 バスに揺られて「自力で張家口」
008 バスに揺られて「自力で邯鄲」
009 バスに揺られて「自力で保定」
010 バスに揺られて「自力で清東陵」
011 バスに揺られて「自力で潮州」
012 バスに揺られて「自力で汕頭」
013 バスに揺られて「自力で温州」

【車輪はつばさ】
南インドのアイラヴァテシュワラ寺院には建築本体に車輪がついていて寺院に乗った神さまが人びとの想いを運ぶと言います。

・本書はオンデマンド印刷で作成されています。
・本書の内容に関するご意見、お問い合わせは、発行元の
　まちごとパブリッシング info@machigotopub.com までお願いします。

まちごとチャイナ
浙江省004杭州旧城と開発区
〜マルコポーロのたたえた「美麗都市」[モノクロノートブック版]

2017年11月14日　発行

著　者	「アジア城市（まち）案内」制作委員会
発行者	赤松　耕次
発行所	まちごとパブリッシング株式会社 〒181-0013　東京都三鷹市下連雀4-4-36 URL http://www.machigotopub.com/
発売元	株式会社デジタルパブリッシングサービス 〒162-0812　東京都新宿区西五軒町11-13 清水ビル3F
印刷・製本	株式会社デジタルパブリッシングサービス URL http://www.d-pub.co.jp/

MP138

ISBN978-4-86143-272-9 C0326　　　Printed in Japan
本書の無断複製複写（コピー）は、著作権法上での例外を除き、禁じられています。